新股民
K线
入门与技巧

王磊荣 薛晴◎编著

中国纺织出版社

图书在版编目（CIP）数据

新股民K线入门与技巧 / 王磊荣，薛晴编著. —— 北京：中国纺织出版社，2022.2（2022.11重印）
ISBN 978-7-5180-1838-3

Ⅰ. ①新… Ⅱ. ①王… ②薛… Ⅲ. ①股票投资—基本知识Ⅳ. ①F830.91

中国版本图书馆CIP数据核字（2015）第161455号

责任编辑：闫　星　　责任校对：高　涵　　责任印制：储志伟

中国纺织出版社出版发行
地址：北京市朝阳区百子湾东里 A407 号楼　邮政编码：100124
销售电话：010—67004422　传真：010—87155801
http://www.c-textilep.com
中国纺织出版社天猫旗舰店
官方微博 http://weibo.com/2119887771
三河市延风印装有限公司印刷　各地新华书店经销
2022年2月第1版　2022年11月第2次印刷
开本：710×1000　1/16　印张：15
字数：152千字　定价：49.80元

凡购本书，如有缺页、倒页、脱页，由本社图书营销中心调换

在连续"熊"了数年之后，沪深两市终于在2015年迎来了新一轮牛市，在国家政策、金融体系和实体经济的共同推动下，两市行情越走越牛，沪指一度突破4800点大关，成交额接近两万亿元。在牛市气氛的渲染下，越来越多的人开始介入股市，单周325.7万的开户数量甚至刷新了2007年大牛市的历史纪录。随着新一轮"炒股热流"扑面而来，各家证券营业部里的新面孔多了起来，全民炒股再一次成为现实。

然而，股市中的高收益永远伴随高风险。在阴晴不定的股市中，新股民稍有不慎就可能使自己陷入万丈深渊。据可靠数据显示，在股市中80%的人都处于赔钱状态，10%的人仅能做到保本，而真正赚钱的人仅有10%。而在赔钱的人中，新股民又占据了其中的很大一部分，即使在牛市中，这种情况也依旧存在。

炒股最重要也是最基础的一步，就是熟练掌握K线知识。对于新股民来说，如果不能将最基础的炒股知识——K线学懂、学通，那么就谈不上会炒股。从本质上说，K线是股市行情的综合体现，对于炒股行为具有非常重要的指导性。然而，一些新股民在对K线一知半解的情况下就进入股市，从而为自己的股市投资之路埋下了巨大的隐患。

不管是在牛市还是熊市，K线始终能够为股民朋友点亮前方的路，它能引导股民合理规避风险，为股民朋友带来丰厚的利润回报。如果股民忽视了K线的作用和重要性，就很可能会失去各种套利的良机，甚至血本无归。

　　普通股民的资金和实力有限，要想在股市中成为少数赚钱的人，就必须掌握K线知识，选择出正确的买进良机和卖出时机。为了帮助新股民了解的K线知识，奠定良好的投资获利基础，我们特意编写了此书。

　　在内容上，本书不仅包含了K线的基本知识，还包含了具体的K线组合形态、K线反转形态、K线整理形态、K线与成交量的关系，以及与K线有关的各项分析指标。希望新股民通过学习本书中的K线知识，能够了解和重视K线，利用所学的K线知识提高赚钱的概率，减少被套的风险！

编著者

目 录

第一章 从零开始学K线 1

一、K线到底是什么 2
（一）分时走势图 2
（二）K线走势图 3

二、阴阳线中的掘金密码 5
（一）阳线实体 5
（二）阴线实体 6
（三）具体实体的不同含义 7

三、不可不知的K线形态 11
（一）十字线 11
（二）T形线 12
（三）塔形线 13
（四）一字形 14

四、特殊的K线形态：缺口 14
（一）缺口的概念 14
（二）缺口的类型 15

第二章 K线组合 19

一、上升组合 20
（一）徐缓上升 20
（二）多方尖兵 21

— 1 —

（三）红三兵 ··· 23
　　　（四）高位并排阳线 ··· 24
　二、见底组合 ··· 25
　　　（一）锤头线 ··· 26
　　　（二）圆底 ··· 27
　　　（三）下档五阳线 ·· 28
　　　（四）"希望之星" ·· 29
　三、见顶组合 ··· 31
　　　（一）"黄昏十字星" ·· 31
　　　（二）乌云盖顶 ··· 32
　　　（三）圆顶 ··· 34
　四、下跌组合 ··· 35
　　　（一）吊颈线 ··· 35
　　　（二）绵绵阴跌 ··· 37
　　　（三）倒三阳 ··· 38
　五、特殊组合 ··· 40
　　　（一）尽头线 ··· 40
　　　（二）镊子线 ··· 41
　　　（三）黑三兵 ··· 42

第三章　K线整理形态 ··· 43
　一、上升楔形和下降楔形 ·· 44
　　　（一）上升楔形 ··· 44
　　　（二）下降楔形 ··· 46
　二、上升旗形和下降旗形 ·· 47
　　　（一）上升旗形 ··· 48
　　　（二）下降旗形 ··· 49

三、上升三角形和下降三角形 ·· 51
  （一）上升三角形 ·· 51
  （二）下降三角形 ·· 53

四、矩形 ·· 55
  （一）矩形形态的表现特征 ·· 55
  （二）第一行动准则 ·· 56

五、收敛三角形 ·· 57
  （一）收敛三角形的走势形态 ······································ 57
  （二）利用收敛三角形判断买卖点 ·································· 58

六、扇形 ·· 61
  （一）上升扇形 ·· 62
  （二）下降扇形 ·· 63

第四章　K线反转形态　　65

一、双重顶和双重底 ·· 66
  （一）双重顶 ·· 66
  （二）双重底 ·· 67
  （三）双重顶与双重底的卖出、买入 ································ 69

二、圆弧顶与圆弧底 ·· 69
  （一）圆弧顶 ·· 70
  （二）圆弧底 ·· 71
  （三）圆弧顶与圆弧底的卖出、买入 ································ 73

三、头肩顶与头肩底 ·· 73
  （一）头肩顶 ·· 73
  （二）头肩底 ·· 75
  （三）头肩顶与头肩底的卖出、买入 ································ 77

四、"V形"和"延伸V形" ·· 78
　　（一）"V形" ··· 78
　　（二）"延伸V形" ·· 80
　　（三）强烈的转势信号 ·· 81

五、底部岛形反转和顶部岛形反转 ···································· 81
　　（一）底部岛形反转 ··· 82
　　（二）顶部岛形反转 ··· 83
　　（三）"岛形反转"注意事项 ······································ 85

六、三重形态 ··· 85
　　（一）三重顶形态的特点 ··· 86
　　（二）三重底形态的特点 ··· 87

七、复合头肩形 ·· 89
　　（一）"一头双肩"形 ··· 89
　　（二）"一头多肩"形 ··· 90
　　（三）"多头多肩"形 ··· 91

八、菱形 ·· 93
　　（一）"菱形"形态的作用 ·· 94
　　（二）判定"菱形"形态的注意事项 ···························· 96

第五章　如何利用移动平均线分析K线 ····························· 99

一、5日均线 ·· 100
　　（一）股价上穿5日均线 ··· 100
　　（二）股价下穿5日均线 ··· 101

二、30日均线 ·· 102
　　（一）股价上穿30日均线（图5-5） ·························· 103
　　（二）股价下穿30日均线 ······································· 104

— 4 —

三、120 日均线 ··· 105
　（一）股价上穿 120 日均线 ······················· 106
　（二）股价假突破 120 日均线 ···················· 107
四、不可不知的均线分布形态 ······················ 108
　（一）多头排列 ····································· 108
　（二）空头排列 ····································· 109
　（三）黄金交叉 ····································· 109
　（四）死亡交叉 ····································· 110
　（五）死亡谷 ·· 111

第六章　如何利用 KDJ 指标分析 K 线 ············ 115

一、时间参数与取值范围 ···························· 116
　（一）时间参数设置为 9 天 ······················· 116
　（二）时间参数设置为 5 天 ······················· 118
二、KDJ 指标的不同形态 ···························· 120
　（一）M 顶 ··· 120
　（二）W 底 ··· 121
　（三）圆顶 ··· 122
　（四）圆底 ··· 124
三、如何使用 KDJ 指标预测后市 ·················· 125
　（一）K 指标与 D 指标形成"金叉" ············ 125
　（二）K 指标与 D 指标形成"死叉" ············ 126
　（三）J 指标连续上行在 100 以上的位置 ······ 128
　（四）J 指标连续下行在 0 以下的位置 ········· 129

第七章　如何利用 MACD 指标分析 K 线 ········· 131

一、基本组合 ·· 132
　（一）"拒绝死叉" ································· 132

（二）"拒绝金叉" 133
（三）"空中加油" 134

二、"底背离"和"顶背离" 137
（一）"底背离" 137
（二）"顶背离" 138

三、双线合一 140
（一）"山谷底" 140
（二）"安全区" 141
（三）"半山腰" 142
（四）"双线合一"出现时的注意事项 144

第八章 如何利用成交量指标分析K线 145

一、成交量 146
（一）堆量 146
（二）放量 147
（三）缩量 149

二、量价关系 150
（一）配合默契的量价关系 150
（二）量价关系注意事项 153

三、换手率 154
（一）观望换手率 155
（二）加速换手率 155
（三）高换手率 156
（四）利好出尽是利空 157
（五）换手率注意事项 158

四、地量 159
（一）地量地价 159

（二）分析地量可结合的因素·················160

　五、天量···161
　　（一）如何判断成交量是否属于天量·······162
　　（二）天量出现时的注意事项···············163

第九章　如何利用其他指标分析K线·········165

　一、能量潮指标································166
　　（一）能量潮指标基本知识··················166
　　（二）能量潮指标注意事项··················168

　二、威廉指标····································168
　　（一）威廉指标基本知识·····················169
　　（二）威廉指标注意事项·····················170

　三、宝塔线······································171
　　（一）宝塔线基本知识························171
　　（二）宝塔线注意事项························173

　四、多空指标····································173
　　（一）多空指标基本知识·····················173
　　（二）多空指标注意事项·····················176

　五、相对强弱指标·······························176
　　（一）个股和大盘的RSI指标················176
　　（二）超买和超卖······························177
　　（三）RSI指标与超买、超卖的关系········178
　　（四）RSI指标钝化····························179
　　（五）RSI指标的领先性·······················180

　六、PSY指标···································180
　　（一）PSY指标的取值情况··················181
　　（二）PSY值的超买超卖情况················184

七、超买超卖线 ·· 185
 （一）OBOS 指标数值的取值范围 ··· 186
 （二）OBOS 指标曲线的形态和趋势 ··· 187
 （三）OBOS 指标与股价指数曲线的配合 ·································· 188

八、CCI 指标 ·· 189
 （一）CCI 指标的具体分析方法 ·· 189
 （二）CCI 指标的优点与缺陷 ·· 193

九、BOLL 指标 ··· 193
 （一）BOLL 指标图的强势区与弱势区 ······································ 194
 （二）利用 BOLL 指标预测股市行情 ·· 196

第十章　投资大师的终极炒股智慧 ·· 199

一、道氏理论：趋势为王 ·· 200
 （一）主要趋势 ·· 200
 （二）次级趋势 ·· 201
 （三）短期趋势 ·· 202

二、箱体理论：一个箱体接着另一个箱体 ···································· 203
 （一）上升箱体 ·· 203
 （二）下跌箱体 ·· 204

三、江恩理论：买卖规则重于预测 ··· 206
 （一）三大忠告 ·· 206
 （二）21 条买卖守则 ·· 206
 （三）实盘解读 ·· 208

四、波浪理论：股票的自然之美 ·· 209
 （一）上升五浪 ·· 210
 （二）下跌三浪 ·· 212
 （三）实盘解读 ·· 214

五、亚当理论：大势不可预测 ·· 215
　　（一）十大戒条 ·· 216
　　（二）实盘解读 ·· 216

六、相反理论：炒股切忌人云亦云 ·· 218
　　（一）走与市场相反的路 ·· 218
　　（二）实盘解读 ·· 219

七、黄金分割理论：0.618 里的奥秘 ······································ 220
　　（一）对顶部的判断 ·· 221
　　（二）对底部的判断 ·· 223

第一章 ◎ 从零开始学K线

在股市中，K线是一切技术分析的基础，要想在股市掘金，先要能够读懂K线。如果看不懂K线，在股市中的一切行为就无异于赌博，结果自然吉凶难料。因此，掌握K线的基本知识，探索有关K线的每一个细节，通过K线研判股市未来走向，才能保证我们的股市行为更加科学、合理，进而提升股市投资成功的可能。

一、K线到底是什么

早在日本德川幕府时期（1603—1867年），K线就已经诞生。不过当时的K线可不是用在股市中，而是日本米市商人用来记录米市行情和价格波动的工具。而后，这种细腻独到的标画方式逐渐得到人们的认可，使用范围也不断扩大，先是被引用到了期货市场中，随后又被引用到了股市，至此，K线被彻底"发扬光大"。

K线的图标形状犹如一根蜡烛，所以K线图也叫蜡烛图。那么，为什么人们为什么要将这种表现方式称为"K线"呢？原来，"K线"在日本最早是写成"罫线"（"罫"日本音读"kei"），而西方则以"罫线"英文的第一个字母"K"直译为"K线"，因此也就有了后来我们所说的"K线"以及"K线图"。

如今，经过不断地发展和完善，证券交易市场已经形成了一套严谨的K线分析理论，并成为目前各国股票、期货、外汇、期权等证券市场中的主要分析方法。在股市中，每一个交易日或者某一段周期内的市场情况都可以用K线完全记录下来，同时，根据K线，股民们也可以推测后市可能会出现的市场状况和股票运行趋势。

（一）分时走势图

在股市实战中，K线图主要有两种：一种是分时走势图，另一种是K线走势图。分时走势图主要是记录某一个交易日股价的变化情况，记录的周期为每一个交易日的上午 9 点 30 分至下午 3 点，即开盘时间至收盘时间内的股价实时变化（图 1-1）。

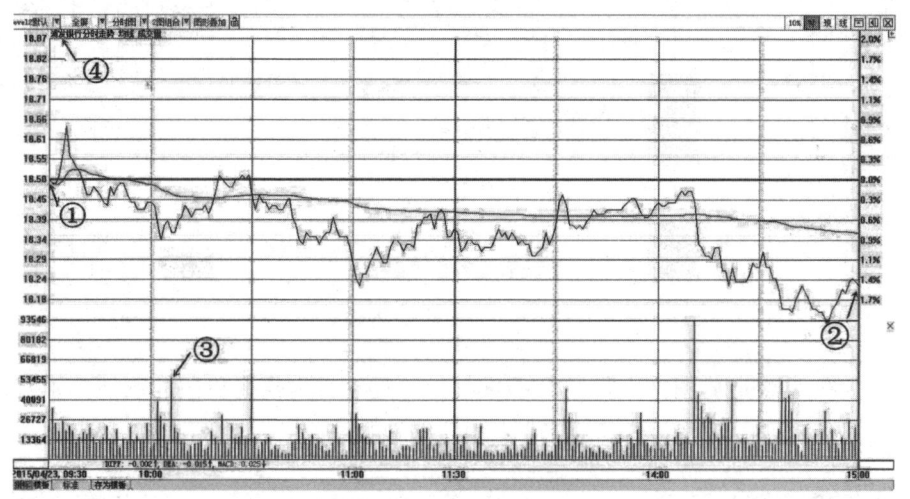

图 1-1　分时走势图

在图 1-1 中，"①"表示的是该股当天开盘时的价格；"②"表示的是该股当天收盘时的价格；"③"表示的是该股某一时刻的成交量；"④"表示的是股票名称。

（二）K 线走势图

如果说分时走势图体现的是某一只股票在一个交易日内的股价实时变化情况，那么 K 线走势图反应的则是一段周期内（多个交易日）的股价变化情况。而如果把这些变化整合出来，并以柱状体的形式变现出来，就形成了所谓的 K 线走势图（图 1-2）。

在图 1-2 中，"①"表示的是阳线；"②"表示的是阳线；"③"表示的是该股票当天的成交量；"④"表示的是相应的股票名称。

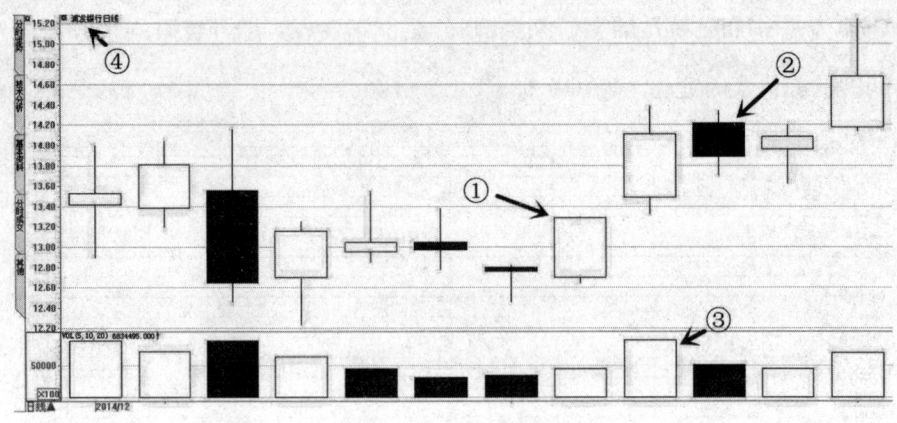

图1-2 K线走势图

在K线走势图中，除了K线实体外，还有其他需要股民朋友认真了解的数据，具体内容如下（图1-3）。

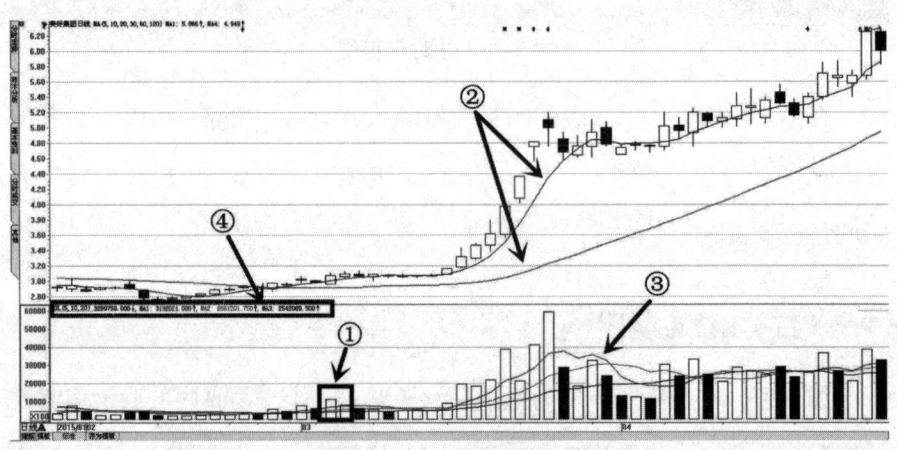

图1-3 K线走势图示意图

在图1-3中，"①"表示的是成交量柱体；"②"表示的是移动平均线；"③"表示的是均量线；"④"表示的是均量线采样显示栏。

二、阴阳线中的掘金密码

在K线图中,K线柱状体的颜色并不相同,有的是白色,有的是黑色,其中,白色统一称为阳线,黑色统一称为阴线。因此,K线又被称为阴阳线或阴阳烛。从整体上来说,K线就是把某一段周期内每一个交易日的涨跌以阴阳线表示出来,并以上影线和下影线的方式将交易中出现过的最高价格与最低价格直观地体现出来,从而将整个复杂的股价变化以一种简单、直观的方式展现出来,让人一目了然。

K线体现出了股价最基本的运行特征,而忽略了股价在变动过程中的各种复杂因素。整体来说简单实用,运用时十分灵活。

(一)阳线实体

K线中,当某一个交易日的收盘价高于开盘价时,所出现的白色柱体即为阳线实体。一旦阳线实体出现,则意味着股价在这个交易日上涨,而根据股价上涨程度的不同,阳线实体又被分为大阳线、中阳线和小阳线(图1-4,图1-5)。

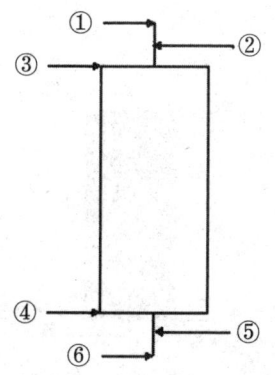

图1-4 阳线实体示意图

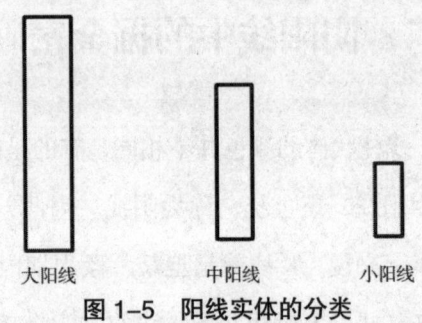

图 1-5 阳线实体的分类

在图 1-4 中,"①"表示的是该股某一个交易日中的最高价;"②"表示的是该阳线实体的上影线;"③"表示的是该股在该交易日的收盘价;"④"与"③"相对,表示的是该股在该交易日的开盘价;"⑤"与"②"相对,表示的是该阳线实体的下影线;"⑥"则与"①"相对,表示的是该股在该交易日的最低价。

(二)阴线实体

K 线中,当某一个交易日的开盘价高于收盘价时,所出现的黑色柱体即为阴线实体来表示。在股市中,一旦阴线实体出现就意味着股价在该交易日内下跌。根据股价下跌程度的不同,阴线实体又分为大阴线、中阴线和小阴线三种(图 1-6,图 1-7)。

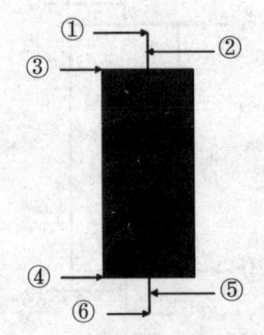

图 1-6 阴线实体示意图

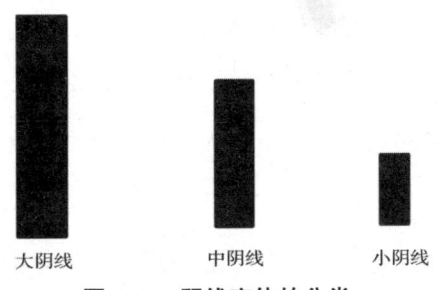

图 1-7　阴线实体的分类

在图 1-6 中:"①"表示的是该股在某一个交易日中的最高价;"②"表示的是该阴线实体的上影线;"③"表示的是该股在该交易日的开盘价;"④"与"③"相对,表示的是该股在该交易日的收盘价;"⑤"与"②"相对,表示的是该阴线实体的下影线;"⑥"则与"①"相对,表示的是该股在该交易日的最低价。

(三) 具体实体的不同含义

阴阳线是看懂股市最基础也是最重要的工具,想要踏入股市的大门,就必须要了解、学习不同种类的阴阳线。通常来讲,一根阴阳线就表示一个交易日的股价变化。在形态上,不同的阴阳线所具有的含义也不同。

1. 光头光脚大阳线

光头光脚大阳线即无上影线和下影线的大阳线(图 1-8),它表示买盘的力量强盛,后市看涨的人居多。

不同时期出现的光头光脚大阳线应区别对待:

图 1-8　光头光脚大阳线示意图

（1）如果该形态阳线实体在高价位区出现，并且成交量巨大，那么多意味着绝大多数股民都在套现了结，后市股价会有大幅下跌的可能。

（2）如果该形态阳线实体出现在低价位区，往往意味着多方力量十分强大，后市股价上涨可能性大。

（3）如果是在盘整之后出现该形态阳线实体，则意味着经过长期拉锯战后，多方最终战胜空方，股价后市将要上涨。

2. 光头光脚大阴线

光头光脚大阴线即无上影线和下影线的大阴线（图1-9），它表示卖盘力量强盛，后市看跌的人居多。

不同时期出现的光头光脚大阴线也应区别对待：

图1-9 光头光脚大阴线示意图

（1）如果该形态阴线实体在高价位区出现，意味着空方的力量非常强大，后市股价即将下跌。

（2）如果该形态阴线实体出现在低价位区，说明目前市场卖压不是很大，很可能这就是股价的最后一跌。

（3）如果该形态阴线实体是在盘整之后出现，则意味着经过长期拉锯战后，空方最终战胜多方，股价后市将下跌。

3. 光脚阳线

光脚阳线即带有上影线但是没有下影线的阳线（图1-10），它的出现意味着在开盘后，多方的攻势非常猛烈，而空方处于下风，股价一路走高，但是在收盘前，多方力量用尽，空方发力回攻，于是价格略有回落，但仍收于开盘价之上。

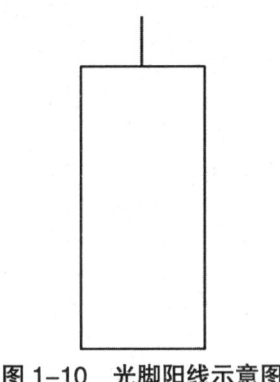

图 1-10 光脚阳线示意图

4. 光脚阴线

光脚阴线即带有上影线但无下影线的阴线（图 1-11），它的出现通常表示在开盘后，多方在初期攻势较强，但后期空方的力量强劲，股价一路下跌，最后以最低价收盘。

图 1-11 光脚阴线示意图

5. 光头阳线

光头阳线即有下影线但没有上影线的阳线（图 1-12），它表示在开盘后，空方力量稍强，股价小幅下跌，当下至当日最低价时，多方开始发起反攻，股价逐渐回升，最终以最高价收盘。

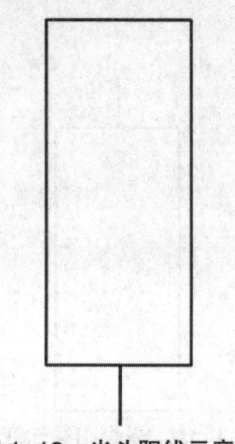

图 1-12　光头阳线示意图

6. 光头阴线

光头阴线即带有下影线但无上影线的阴线（图 1-13），它的出现意味着在开盘后，空方力量明显强于多方，股价开始大幅下跌。当股价下跌至一定的位置后，一部分股民不想忍痛割肉，低位抛压逐渐减少，多方开始拉升股价直至收盘，从而避免了以最低价收盘的局面。

图 1-13　光头阴线示意图

三、不可不知的K线形态

在股市中，除了有阳线和阴线两种典型的K线之外，还有一些其他的K线形态也很常见。这些K线形态同股市中的阳线与阴线一样，都是K线的重要组成部分。

从作用上来讲，这些形态的K线也都有其自身所代表的特殊意义。甚至在某些特定的情境下，这些K线形态要比阳线和阴线更具有参考价值。

（一）十字线

十字线是一种只有上下影线，没有实体的K线形态（图1-14）。

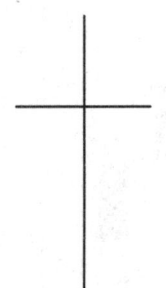

图1-14 十字线示意图

在图1-14中，十字线形态可以反映出以下几个重要信息：

（1）由于买卖双方势均力敌，所以在交易时间内，K线实体部分呈现出水平直线的样子，最终形成十字线形态。

（2）空方或多方一度占据优势，股价拉升或者下跌，但不久力竭，另一方开始反扑，所以留下较长上下影线。

在实际的投资过程中，十字线是一个十分具有参考价值的K线形态，在不同的趋势中，其所代表的含义也有所不同：

（1）在明确的上升趋势中，突然出现十字线，意味着后市走势有可能会发生反转（图 1–15）。

图 1–15　上升趋势中的十字线示意图

（2）在下跌行情的初期，十字线可能没有十分特殊的意义，且出现后形成底部的机会也不大。但是如果是在超买或超卖的情况下出现十字线，那么就很有可能是重要的反转信号（图 1–16）。

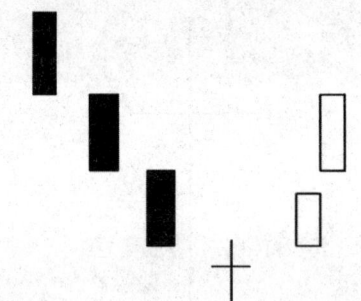

图 1–16　下跌趋势中的十字线示意图

一般情况下，在目前趋势已经确认的情况下，十字线、T 形线、塔形线出现在顶部或者底部区域时，都有很大的可能是转势信号。股民朋友在遇到这类 K 线形态时，可以根据观察一两个交易日的走势情况，来判断转势信号是否具有真实性和准确性。

（二）T 形线

T 形线的出现，表示开盘后，空方的力量比多方强，股价开始下跌，但是随后多方开始发力反攻，而空方被多方死死压制，股价开始逐步回升，并以和开盘价相同的最高价收盘（图1-17）。

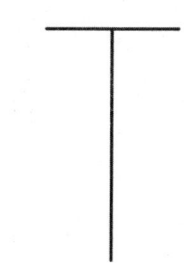

图1-17　T形线示意图

在不同趋势下，T形线的实战意义基本与十字线相同。如果上升趋势中出现T形线，则很可能代表着后市看跌；如果T形线是在下跌趋势中出现，并且在其出现后开始止跌回升，那么后市可能会出现大幅上涨。

（三）塔形线

塔形线又被叫作"墓碑线"或者"避雷针"。它表示开盘后，多方力量比空方力量强，股价上涨至当前交易日最高的位置后，空方开始发力反攻，而多方逐渐抵挡不住攻势，股价开始下跌，直至以和开盘价一样的最低价收盘（图1-18）。

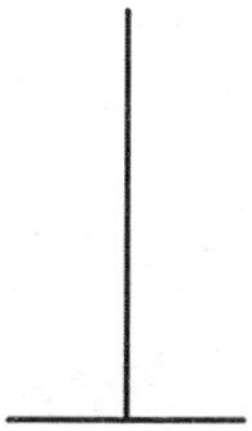

图1-18　塔形线示意图

塔形线是T形线的衍生形态，虽然最后形成的形态不同，但其实战含义与T形线基本相同，但是也略有不同：如果塔形线出现在底部区域，由于多方已经发力上攻，其后劲是否足以完全压制空方，还需进一步观察。

（四）一字形

一字形代表在该交易日中开盘价、最高价、最低价和收盘价全部相同（图1-19）。这种形态出现时，一般表明市场行情比较极端，要么是开盘即涨停并且维持到收盘的极强市，要么是开盘即跌停并且维持到收盘的极弱市，要么是成交非常惨淡或者没有成交。

———

图1-19　一字形示意图

四、特殊的K线形态：缺口

缺口是K线图中比较特殊的一种形态，它是指当天的最低成交价格比前一个交易日的最高价格还要高或者当天的最高成交价比前一个交易日的最低价格还要低，使相邻两根K线之间形成了一段价格缺口。

（一）缺口的概念

只有相邻的两条K线之间形成了空白区域，才能被称为缺口（图1-20）。如果两条相邻的K线之间形成了空白区域，但是有上下影线相连，那么就只能被称为跳空现象（图1-21），不能被称为缺口。

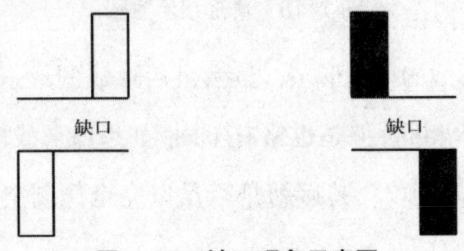

图1-20　缺口现象示意图

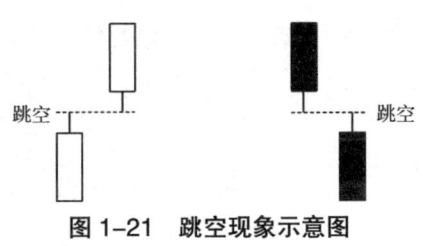

图 1-21　跳空现象示意图

（二）缺口的类型

缺口具体分为两种类型，即普通缺口和功能性缺口，不同类型的缺口所具有的意义也不同。

1. 普通缺口

普通缺口一般出现在股价的整理区域或者成交密集区域，缺口出现后一般没有特殊的形态以及成交量与之配合。

通常情况下，普通缺口存在于以下几种情形时，具有的实战意义更为明显：

（1）如果缺口处伴有较大的成交量，那么这期间形成的支撑和阻力也会较强。向上的缺口如果没有成交量的配合，那么这个缺口就非常容易被回补；向下的缺口如果没有成交量的配合，那么这一缺口不一定很快就能回补。

（2）一般缺口被回补后，股价都会顺着原来的方向继续运行。

（3）一个向上的跳空缺口出现在股价回调时，缺口位置经常会成为重要的支撑位；一个向下的跳空缺口出现在股价反弹时，缺口位置常常会成为重要的阻力位。

（4）连续三个向上的小跳空缺口往往是上涨行情结束的信号；连续三个向下的小跳空缺口往往是一波下跌行情结束的信号。

2. 功能性缺口

与普通缺口相比，功能性缺口具有更强、更明确的预测性。功能性缺口具体可以细分为三种,即突破性缺口、消耗性缺口和测量缺口。

突破性缺口(图1-22)

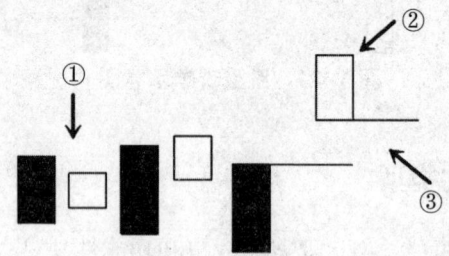

图1-22 突破性缺口示意图

在图1-22中,"①"表示的是股价始终处于横向运行,股价上下波动幅度不大;"②"表示的是股价突然在某一日跳空,并且打破原来的运行态势,这种跳空突破方向可以是向上也可以是向下;"③"表示的是综合前面两种条件所形成的突破性缺口。

这种缺口通常出现在大底部向上突破和大顶部向下突破的时候。想要判断缺口是否为突破性缺口,首先要看其身后有没有特殊形态配合;其次还要看缺口产生的当日和未来几日,成交量能不能持续放大。如果满足了以上两个条件,那么就可以判断该缺口为突破性缺口,后市很可能会走出一波大的反转行情。

消耗性缺口(图1-23)

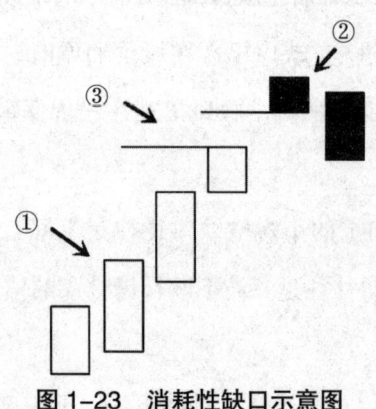

图1-23 消耗性缺口示意图

在图 1-23 中，"①"表示的是股价正在经历一轮上涨行情（或者是下跌行情）；"②"表示的是在某一个交易日股价突然出现跳空现象，随后股价开始向与原来相反的方向运行；"③"表示的是在综合前面两个条件后形成了跳空缺口，但该缺口在较短的时间内就被封闭掉，这种跳空缺口就叫作消耗性缺口。

消耗性缺口通常出现在时间跨度比较久的上涨或者下跌行情的尾部。一般来说，消耗性缺口出现的当日或者第二个交易日，常伴有巨大的成交量和强烈的价格波动。出现消耗性缺口一般意味着多头或者空头力量已经快要耗尽，股价很可能会在短时间内发生大的变动。

测量缺口（图 1-24）

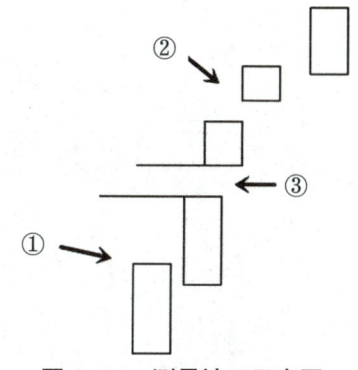

图 1-24　测量缺口示意图

在图 1-24 中，"①"表示的是股价已经经过了一段时间的上涨（或者下跌）；"②"表示的是在某一日出现跳空现象后，股价依旧能够沿着原来的方向运行；"③"表示的是综合前面两个条件，形成的跳空缺口在短期内没有被回补，这种缺口即为测量缺口。

测量缺口通常出现在一轮大幅上涨行情或者一轮大幅下跌行情的过程中。它往往预示着股价或者估值会持续大幅上涨或者大幅下跌，短期内缺口不会被回补。

测量缺口的市场意义十分重要，如果将测量缺口出现的点位减去启动形态的最低点，所得到的绝对值再加上测量缺口形成时的点位所得到的数值，就可以得出这一波行情的理论目标价位。

第二章 ◎ K 线组合

在股市中,一些比较典型的 K 线组合会反复出现。股民朋友通过这些组合可以预判后市股价的发展趋势,且准确率较高。如果股民朋友能够掌握这些典型的 K 线组合,就能增加自己在股市投资中的胜算。

一、上升组合

单一 K 线所包含的信息量非常大，如果将这些单一 K 线组合起来，其具体含义也不一样。

在种类繁多的 K 线组合中，上升组合是股民朋友希望看到的组合之一，因为把握住它也就相当于抓住了获利的良机。那么，究竟什么样的 K 线组合属于上升组合呢？

（一）徐缓上升

"徐缓上升"大多出现在股价上涨行情中，尤其是在上涨的初期。其表现为：连续收出几根小阳线，随后又收出一根或者两根大阳线，形成逐步上涨形态（图 2-1）。

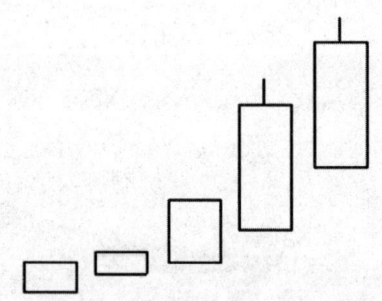

图 2-1　"徐缓上升"示意图

"徐缓上升"的出现，通常意味着多方的力量正在稳步增加，虽然在后市与空方搏斗时，会造成股价的波动，但股价整体的运行趋势始终是向上的。因此，股民朋友如果遇到这种 K 线组合，可以保持积极看多的心态。

例如，华能国际（股票代码：600011）2015 年 2 月 10 日的股价仅为 7.12 元，随后股价走势形成"徐缓上升"组合（图 2-2）。从图 2-2 中可以看出，当出现该组合时，股价先小幅上升一段时间，随后大幅上扬，总体趋势积极向上，直至 2015 年 5 月 5 日该股最高价达到 12.98 元，涨幅达 80.03%。

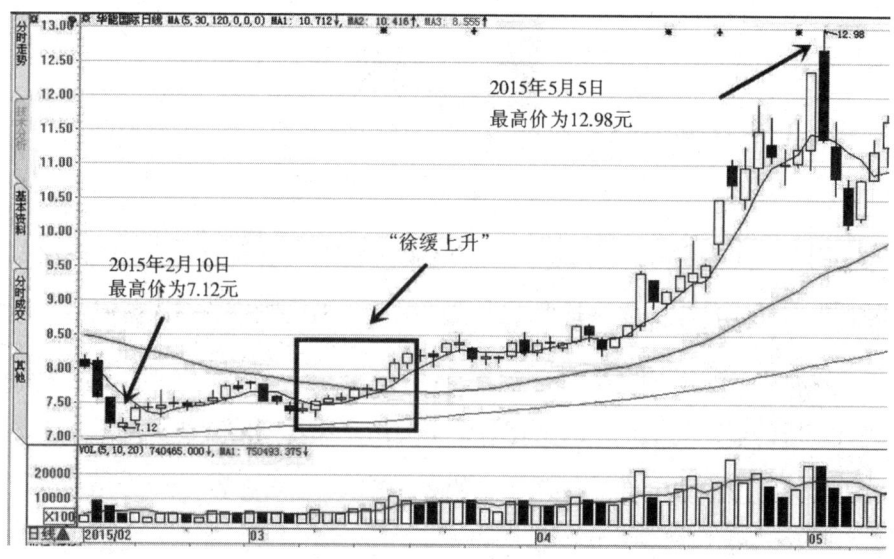

图 2-2　2015 年 2 月~5 月华能国际 K 线图

（二）多方尖兵

"多方尖兵"组合具有以下几个特点：

（1）一般出现在上涨行情中。

（2）第一根 K 线为中阳线或者大阳线，且多带有一根约为阳线实体三分之一的上影线。

（3）出现该带有上影线的阳线后，股价通常会回落整理。

（4）当整理一段时间后，多方很快又发动一次攻势，股价上穿此前第一根阳线的上影线。

一般情况下,如果出现了"多方尖兵"组合(图2-3),后市股价通常都会上涨,但是前提条件是此时的短期均线一定要呈多头排列,同时成交量也要配合放大。

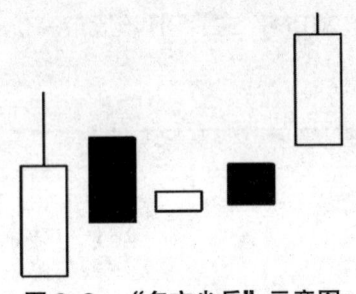

图2-3 "多方尖兵"示意图

例如,山东钢铁(股票代码:600022)在上升过程中,出现一根较大的且带有约实体三分之一长的上影线的阳线,随后股价短期回落调整。经过调整后,股价吞没此前阳线的上影线,形成"多方尖兵"组合(图2-4)。此时该股的短期均线也在向上运行,呈现出多头排列的特征。从图2-4中可以看到,"多方尖兵"形成后,该股一直处于上涨态势。

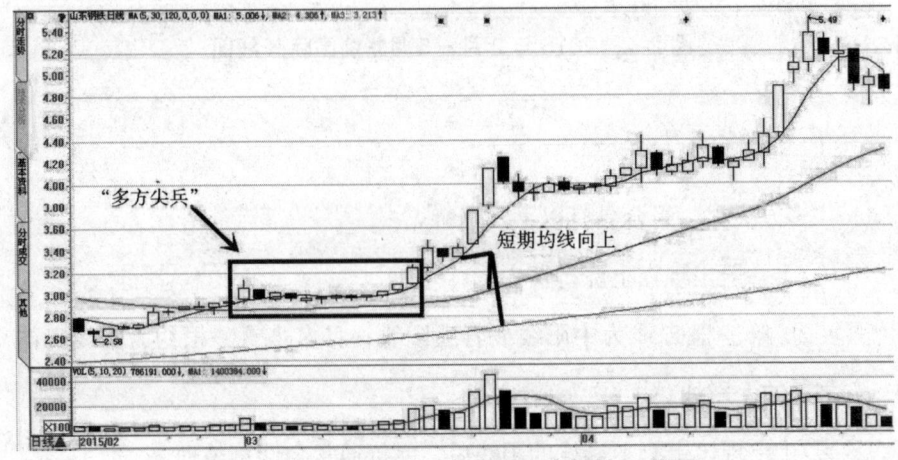

图2-4 2015年2月~4月山东钢铁K线图

（三）红三兵

"红三兵"通常出现在股价上涨的过程中。当股价在底部区域经过了一段较长时间的盘整后，自某个交易日开始，连续收出三根阳线，此时所形成的K线组合即为"红三兵"组合（图2-5）。

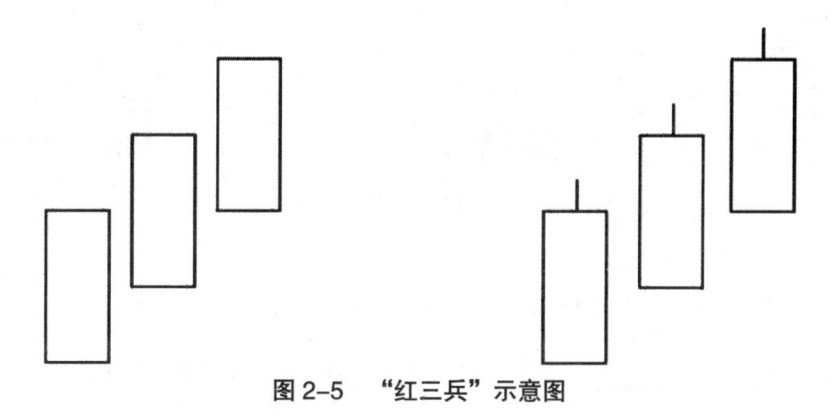

图2-5 "红三兵"示意图

"红三兵"具有以下几个特点：

（1）股价在底部运行的过程中突然连续收出三根阳线，并且每天的收盘价都高于前一个交易日的收盘价。

（2）每天的开盘价都会在前一个交易日的实体之内，也就是说不会形成跳空缺口。

（3）每天的收盘价都在当天的最高点或者临近最高点的位置，表现在图像上即单一K线，没有上影线或者上影线非常短。

例如，马钢股份（股票代码：600808）经过了一段时间的底盘潜水后，连续三个交易日收出阳线，每一根阳线的收盘价均比前一个交易日的收盘价高，且三个交易日的上影线都非常短，无跳空现象，体现了"红三兵"的典型特征（图2-6）。在出现红三兵后，该股股价一路上升，至2015年5月5日未出现过大幅下滑。

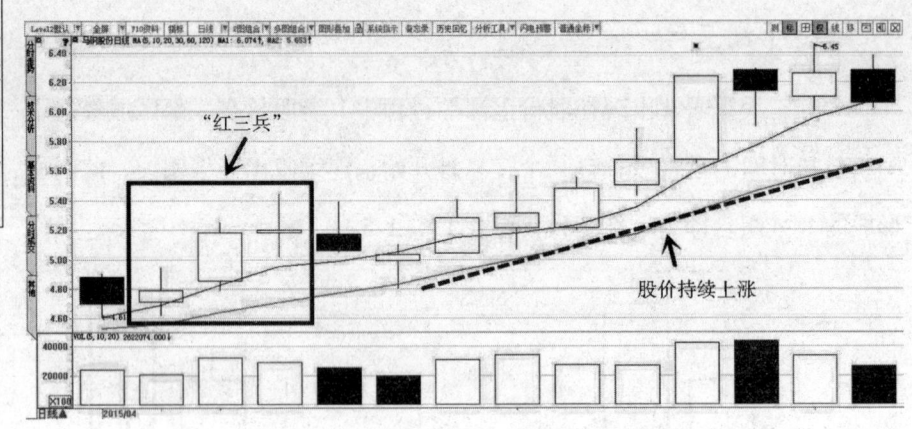

图 2-6　2015 年 4 月马钢股份 K 线图

（四）高位并排阳线

"高位并排阳线"一般出现在上涨行情中，两个具有几乎相同开盘价的阳线跳空升起，且第一根阳线与前一个交易日之间形成了一个缺口，由于跳空升起后的两根阳线具有相似的开盘价，因此被形象地称为"并排阳线"（图 2-7）。

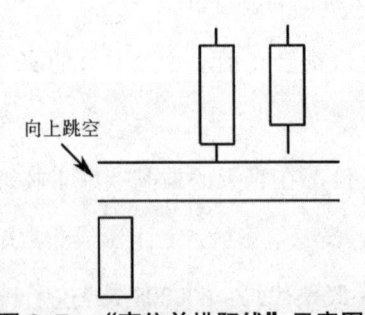

图 2-7　"高位并排阳线"示意图

"高位并排阳线"的出现预示着后市股价还会继续上涨，其向上跳空的缺口就是一个非常好的支撑依据。需要注意的是，如果形成的向上跳空缺口在较短的时间内被封掉，就代表着跳空缺口的支撑作用已经消失，后市也可能会出现下跌行情。

例如，东方创业（股票代码：600278）在一段上涨过程中，突然出现跳空现象，且跳空后出现两根开盘价几乎相同的阳线，形成了"高位并排阳线"，随后的股价走势中，没有发生将这次跳空所形成的缺口补回的现象（图2-8）。从图中我们可以清晰地看到，该股的后市表现非常抢眼。

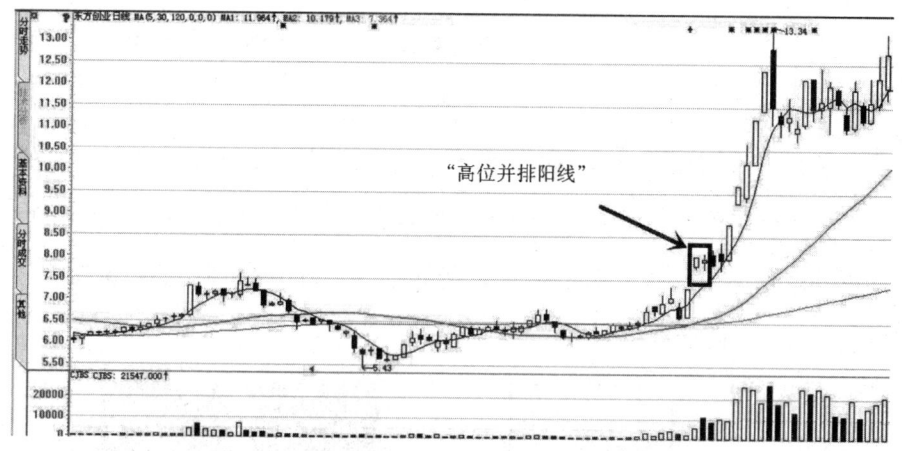

图2-8　2013年7月~9月东方创业K线图

在股市的实际投资过程中，K线组合中的每一种上升组合体现在实战K线图中，可能都会与标准组合存在一些差异，股民朋友们需要注意融会贯通，不要只认标准组合，这样的做法很容易使自己错失获利良机。

二、见底组合

对于股民朋友来说，K线组合中的见底组合是一种非常实用且具有极大实战意义的组合。在股市中遇到了见底组合，股民就有更大的机会去购入成本较低的筹码，这样不仅能够拓展获利空间，还可以令资金使用更为灵活，效率更高。因此，了解、掌握见底组合是十分有必要的。

（一）锤头线

"锤头线"具有以下几个特点：

（1）通常出现在下跌行情中。

（2）"锤头线"可以是由阳线组成，也可以由阴线组成，其阴阳实体都很小，一般没有上影线，即使出现了上影线也非常短，但是下影线通常都很长。

（3）"锤头线"出现后，一般后市都会出现上涨行情。

一般情况下，"锤头线"的上影线与下影线的比例越悬殊，对于后市的影响就越大，如果"锤头线"与"希望之星"同时出现，那么见底信号就更加可靠（图2-9）。

阳线锤头线　　　　　　阴线锤头线

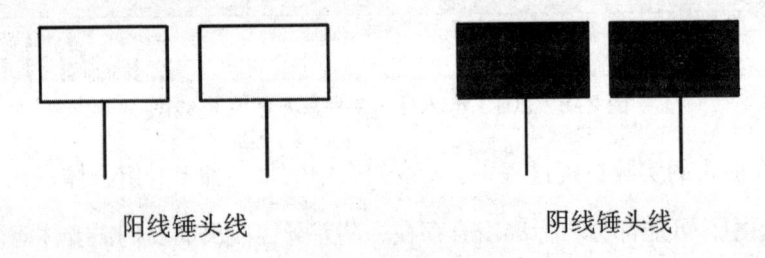

图2-9　锤头线示意图

一般在下跌过程中，尤其是大幅下跌之后出现"锤头线"，股价反转走高的概率比较大。需要注意的是，"锤头线"对见底的预测是否准确，还与下面几个因素息息相关：

（1）"锤头线"的K线实体越小，下影线越长，止跌的作用就越明显。

（2）股价下跌持续的时间越长，幅度越大，"锤头线"的见底预测就越可靠。

（3）尽管"阳线锤头线"与"阴线锤头线"实战意义相同，但是"阳线锤头线"的力度要大于"阴线锤头线"。

例如，湖南投资（股票代码：000548）在经过一段下跌行情后，于2014年11月14日形成"锤头线"组合，随后股价大幅上涨（图2-10）。当该股出现"锤头线"时，股价最高仅为5.92元，而经过一段上涨行情后，该股最高股价于12月23日达到8.80元，期间涨幅为48.65%。

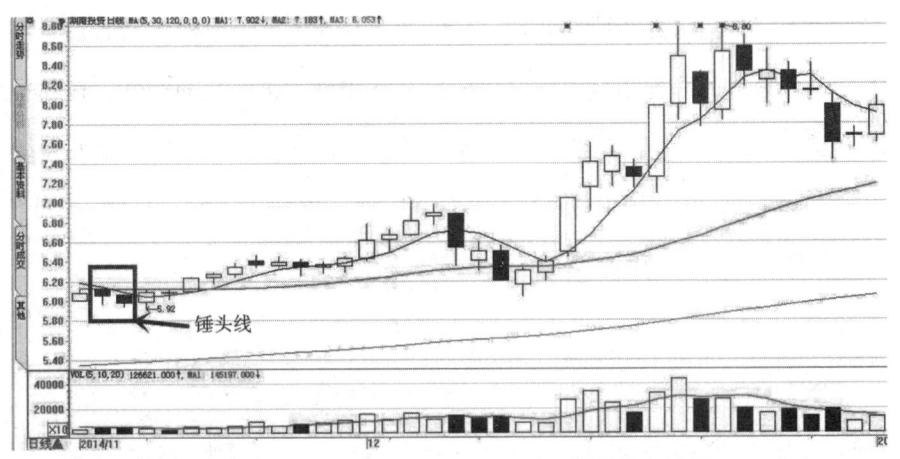

图2-10　2014年11月~12月湖南投资K线图

（二）圆底

"圆底"组合通常出现在股价下跌或者横向运行的时候，一般意味着市场的空方已是强弩之末，后市将是多方的天下，股价上涨的可能性非常大。股民朋友遇到这种组合时，可以选择适当购入（图2-11）。

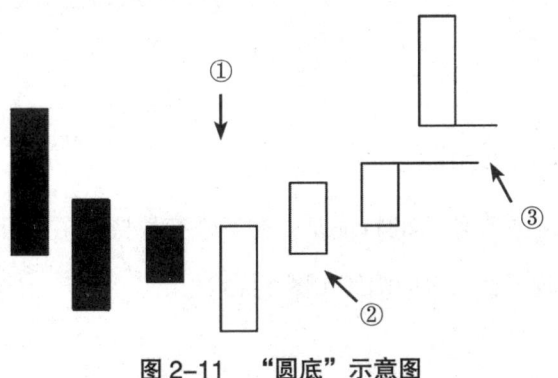

图2-11　"圆底"示意图

在图 2-11 中，"①"表示的是股价的整体走势呈"圆底"形；"②"表示的是形成"圆底"时，股价 K 线以收小阳线、小阴线居多；"③"表示的是在股价上升的过程中，只有形成了向上跳空的缺口，才能最终确认"圆底"组合形成。

例如，中信证券（股票代码：600030）在经历了一段横盘之后，走出了一个近圆形的底部组合，此时该股已具备出现"圆底"的条件。在随后的大盘走势之中，该股股价向上跳空，确认"圆底"形成，股价自此持续上升。该股从 2014 年 10 月 27 日的 12.25 元一路飙升，至 2015 年 1 月 7 日达到 37.25 元，涨幅达 204.04%（图 2-12）。

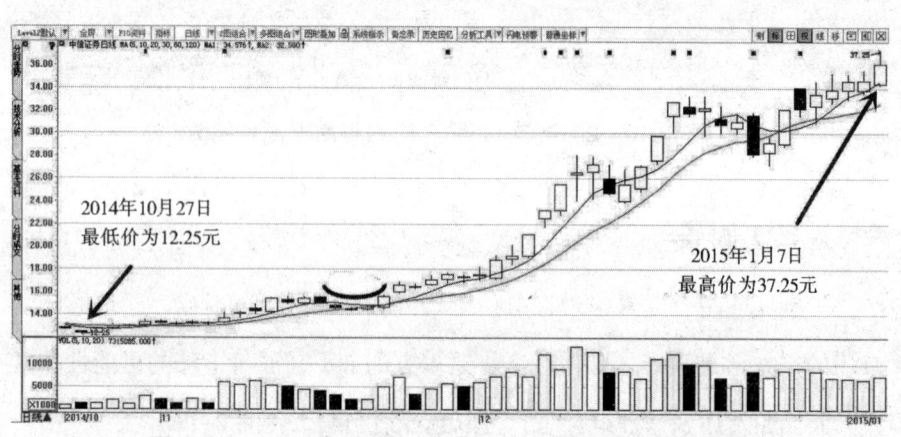

图 2-12　2014 年 10 月～2015 年 1 月中信证券 K 线图

（三）下档五阳线

"下档五阳线"组合的特征是：在下跌行情持续了一段时间以后，K 线图上连续出现 5 根以上的阳线（图 2-13）。

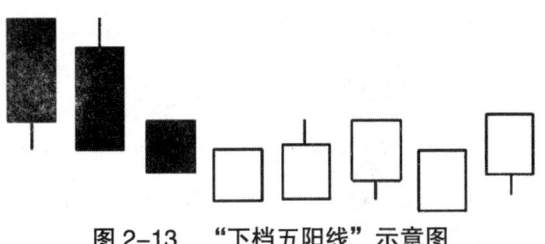

图 2-13 "下档五阳线"示意图

一般来说，"下档五阳线"的出现意味着此时多方的承接能力较强，股价即将见底，或者即将到达一个阶段性底部，这是一种比较强烈的买进信号。此时买进成本较低，风险自然也就小了。

例如，泛海控股（股票代码：000046）在经过一段时间的下跌后，于 2014 年 6 月 20 日见底，此时股价最低为 4.07 元。随后该股连续收出 5 根阳线，结合之前的走势，可以认定其形成了"下档五阳线"组合，随后该股开始一路上涨。至 2014 年 8 月 5 日，股价已经达到 5.65 元，期间涨幅为 38.82%（图 2-14）。

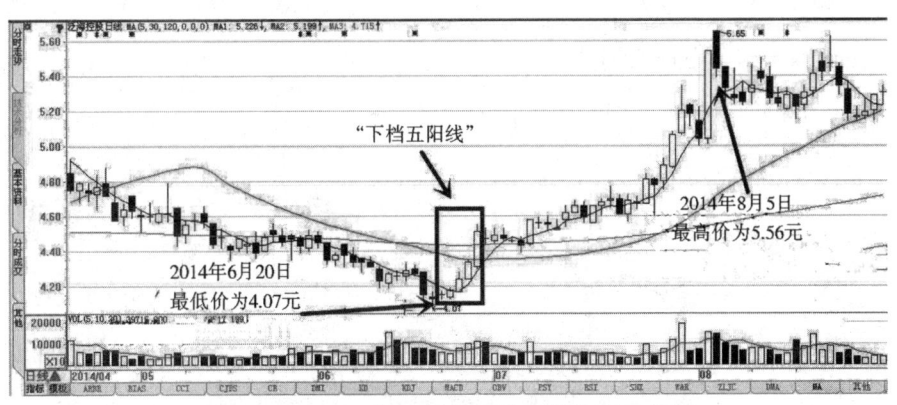

图 2-14　2014 年 4 月~8 月泛海控股 K 线图

（四）"希望之星"

"希望之星"又称"早晨之星"，通常出现在连续下跌的行情之中。它由三根单一 K 线组成，第一根为阴线，第二根为十字线，第三根为阳线，

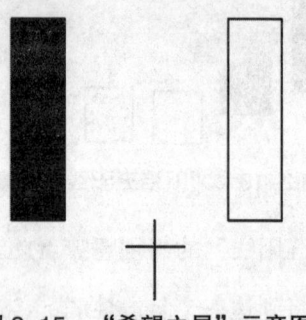

并且第三根阳线的收盘价已经深入到了第一根阴线的实体中（图2-15）。

图 2-15　"希望之星"示意图

"希望之星"的出现意味着在股价经过较大幅度的回落以后，空方的能量已消耗殆尽，股价已无法再创新低。这是一种比较典型的转势信号，股民朋友如果遇到这样的组合，可以选择适当买入。

例如，东方通信（股票代码：600776）在经历一轮下跌行情后，在低位区域先后收出一条阴线，一条十字线和一条阳线，形成"希望之星"组合（图2-16）。从图2-16中可以看到，"希望之星"的出现引领了该股后期以阳线为主的上涨走势。

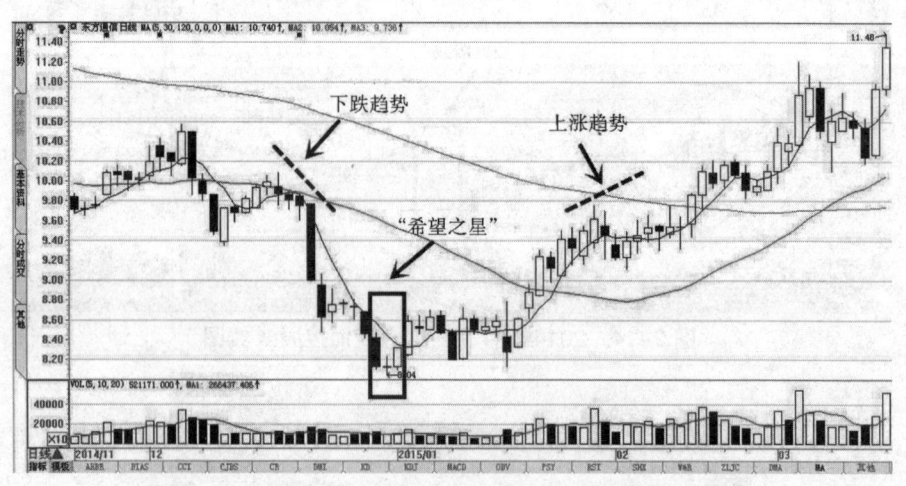

图 2-16　2014年10月～2015年1月东方通信K线图

需要注意的是，除了上述的标准组合外，"希望之星"还有三种变异组合（图2-17）。这三种变异组合所代表的含义与"希望之星"相同，都预示着后市很可能会出现上涨行情。

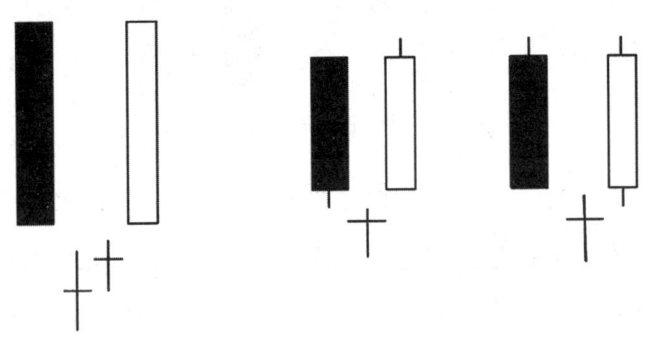

图2-17 "希望之星"变异组合示意图

见底组合为股民朋友提供了股价即将上涨的信号，通常情况下，如果在股市中遇到见底组合，可以选择积极看多。但需要注意的是，在进行投资操作的同时，也要注意观察股价所处的位置，避免出现判断失误的情况。

三、见顶组合

K线组合中的见顶组合，是指在出现这种组合之后，股价即将开始下跌，或者股价即将从升势转变为跌势。下面重点介绍几种股市中常见的见顶组合，以便新股民朋友在投资的过程中规避风险。

（一）"黄昏十字星"

"黄昏十字星"是一种与"希望之星"含义完全相反的组合，其组合构成也与"希望之星"相反（图2-18）。

图 2-18　"黄昏十字星"示意图

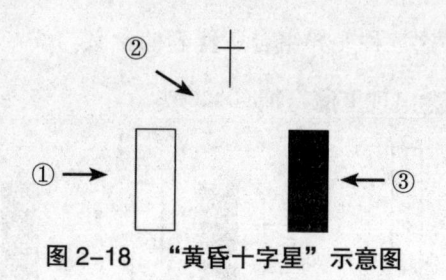

在图 2-18 中，"①"表示的是股价已经过了一段上涨行情；"②"表示的是出现了向上跳空的现象，并且开盘价与收盘价几乎相同，由于多空双方的激烈争执，还会留下长长的上下影线；"③"表示的是股价又拉出了一根阴线，最终完成"黄昏十字星"组合。

一般来说，"黄昏十字星"的出现意味着股价已经开始见顶或者即将见顶，这时个股的整体运行趋势将由升变降，一轮新的下跌行情将要展开。股民朋友在遇到这种组合的时候，应该坚决离场，不要抱有任何幻想。

（二）乌云盖顶

如果股价在前一个交易日收出一根阳线，第二个交易日又出现高开低走，形成一根比较大的阴线，并且还跌穿了前一个交易日的阳线的三分之一，成交量也配合放大，那么就可以说形成了"乌云盖顶"组合，它的出现意味着后市走势将不容乐观（图 2-19）。

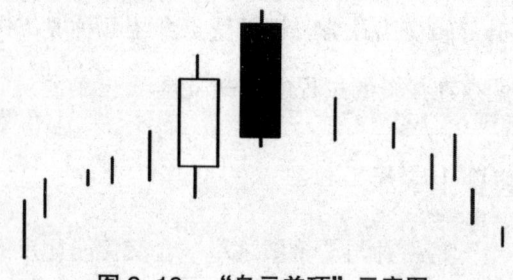

图 2-19　"乌云盖顶"示意图

在 K 线组合中，"乌云盖顶"是一种非常典型的见顶组合，当遇到该组合时，可参考以下几点：

（1）如果在收出阳线后的第二个交易日中，阴线实体的收盘价向下插入前一个阳线实体的程度越深，那么该组合构成股价运动顶部的概率就越大。

（2）如果第二个交易日阴线实体的开盘价比某一个重要的阻力位高，但是最终又没有突破它，这种现象很可能预示着多方的力量已经相形见绌，无法再继续将升势维持下去。

（3）如果在第二个交易日开盘的时候，成交量变得非常大，很可能意味着更多的股民已经进场。但是随后空头就开始了抛售行为，令急于进场的股民骑虎难下。

例如，飞乐音响（股票代码：600651）的股价在经过一段大幅上涨后，突然在高位形成一根高开低走的大阴线，并跌穿了前一个交易日阳线的三分之一，形成了"乌云盖顶"组合，反转信号异常明显，此时该股最高价为7.34元。该组合出现后，该股股价一路下跌至5.22元（图2-20）。

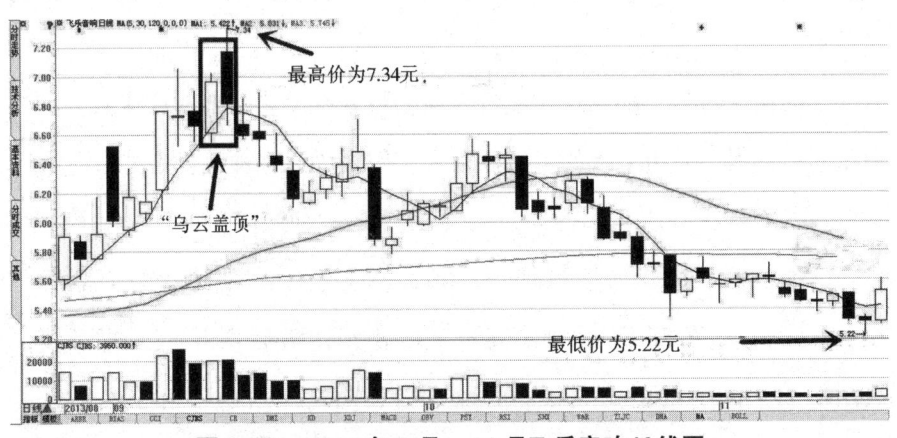

图2-20　2013年9月~11月飞乐音响K线图

(三) 圆顶

"圆顶"与"圆底"是完全相反的两种走势。"圆底"是一种见底反转走势，后市一般会出现上涨行情。而"圆顶"则是见顶组合，后市一般都会出现下跌行情（图2-21）。

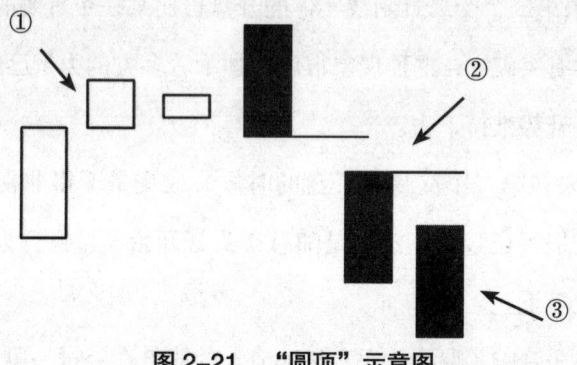

图 2-21 "圆顶"示意图

在图2-21中，"①"表示的是股价走势形成一个圆弧形状，并且开口向下；"②"表示的是圆弧从升势变为跌势的时候，必须有向下跳空的缺口；"③"表示的是"圆顶"形成后，股价所迎来的将是下跌行情。

"圆顶"组合一般出现在股价大幅上涨之后，它的出现意味着多方的力量即将枯竭，后市下跌的可能性很大。如果遇到这种组合走势，应该提早做好离场准备。

例如，博实股份（股票代码：002698）经过一段时间的上涨后，在2014年11月27日达到最高价29.48元，随后便开始大幅下跌，甚至形成了向下跳空的现象。大盘走势表明，"圆顶"组合被构筑。至2015年1月13日，该股最低价已跌至22.95元，跌幅达到了22.15%（图2-22）。

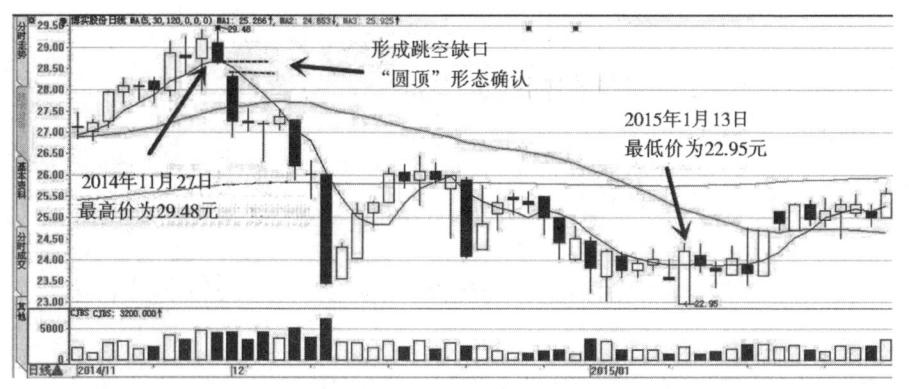

图 2-22　2014 年 11 月～2015 年 1 月博实股份 K 线图

需要特别注意的是，如果在实战中突然出现利好传闻，但股价却出现了见顶组合，那么就很有可能是主力在借机进行洗盘或者出货，此时介入势必会面临亏损。因此，新股民一定要学会结合实际情况，综合分析后再做决策。

四、下跌组合

在股市中，遇到 K 线组合中的下跌组合并不可怕，可怕的是在其出现后，股民朋友没有及时辨认出它，不了解其代表的含义，导致无法及时避险、避损。因此，及时辨别出下跌组合，了解其中的玄机，并作出正确的应对策略，对于股民朋友来说，是非常有必要的。

（一）吊颈线

"吊颈线"组合几乎与"锤头线"相同，不同的是，"锤头线"经常出现在下跌行情中，而"吊颈线"则经常出现在上涨行情的尾部（图 2-23）。

阳线吊颈线　　　　阴线吊颈线

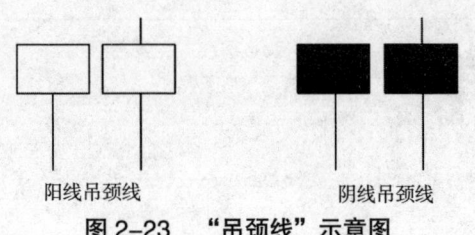

图 2-23　"吊颈线"示意图

"吊颈线"的出现往往意味着股价的上涨势态已经到了尾声，接下来股价很可能由升转跌。

需要注意的是，阴线"吊颈线"的可信程度要比阳线"吊颈线"更大一些。如果在股价已经历了一波上涨行情后遇到了"吊颈线"，不管后市走势是好还是坏，都应先行减仓，一旦股价下跌，就果断将剩余的持股也抛售出去。

例如，华夏银行（股票代码：600015）在经历了一波上涨行情后，形成"吊颈线"组合。随后该股震荡上扬，至 2013 年 5 月 20 日股价攀升到 7.77 元后停止上涨，并开始进入下跌趋势。截至 2013 年 6 月 25 日，该股最低价仅为 5.34 元，在一个月零 6 天内，其跌幅就达到了 31.27%（图 2-24）。

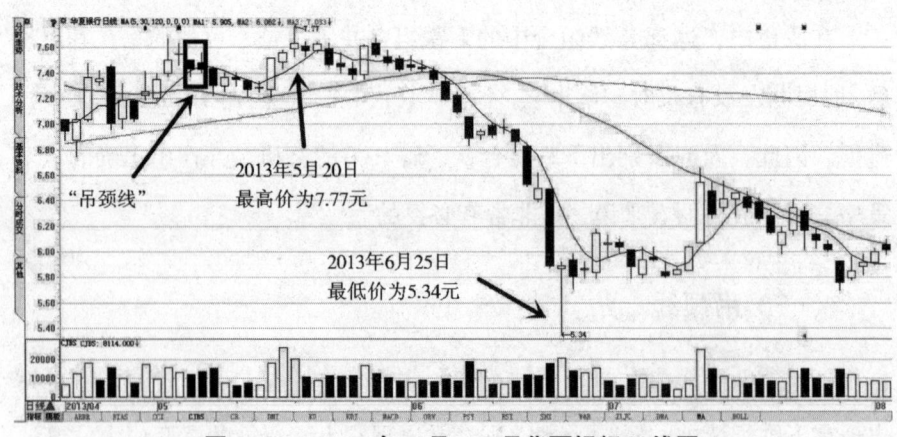

图 2-24　2013 年 4 月～6 月华夏银行 K 线图

（二）绵绵阴跌

所谓"绵绵阴跌"是指股价以不断收小 K 线的形式（一般不少于 8 根 K 线）向下运行，其中又以小阴线居多，中间有时会夹杂着一些小阳线。这种 K 线组合犹如春雨一般，连绵不断，乍看上去，每天的跌幅都不是很大，但累积起来，却又让股民笑不出来，有时甚至达到超长期的下跌（图 2-25）。

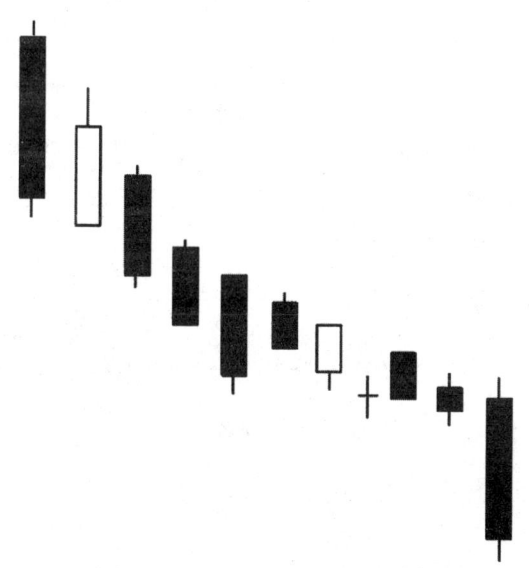

图 2-25 "绵绵阴跌"示意图

股市中有一句话："不怕急跌、大跌，就怕阴跌。"股价一旦阴跌，下跌周期往往无法预测，且对多方的杀伤力极大。因此，在遇到这种"绵绵阴跌"组合时，要保持高度警惕，持股的股民最好及时止损，避免更大的损失；正在观望的股民也不要盲目介入。

例如，在 2013 年 12 月～2014 年 7 月这段时间内，三一重工（股票代码：600031）出现了长期持久的阴跌走势。2013 年 12 月 4 日，该股股价最高还在 7.53 元，而到了 2014 年 6 月 27 日，该股股价已下跌至 4.81 元，跌幅达到了 36.12%。这种情况恰恰体现了"绵绵阴跌"的恐怖威力（图 2-26）。

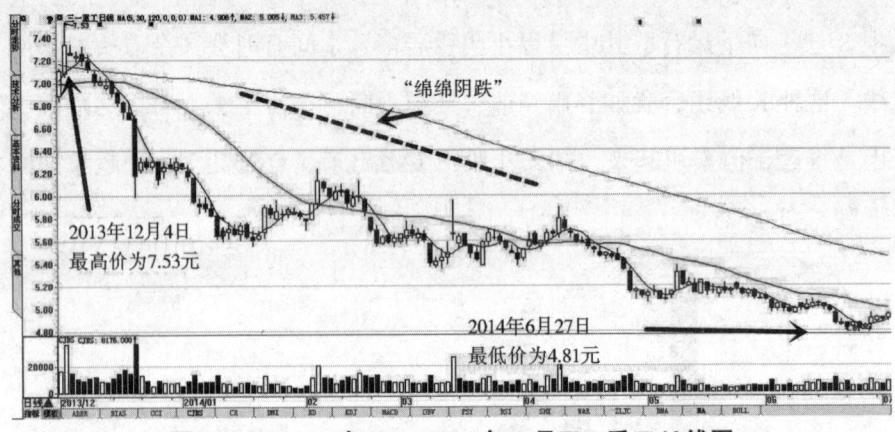

图 2-26　2013 年 12~ 2014 年 6 月三一重工 K 线图

（三）倒三阳

"倒三阳"最典型的特征就是在股价下跌的过程中，连续跳出三根阳线，且每根阳线的收盘价均低于前一交易日的收盘价。也正是因为这种特点，它才被形象地称为"倒三阳"（图 2-27）。

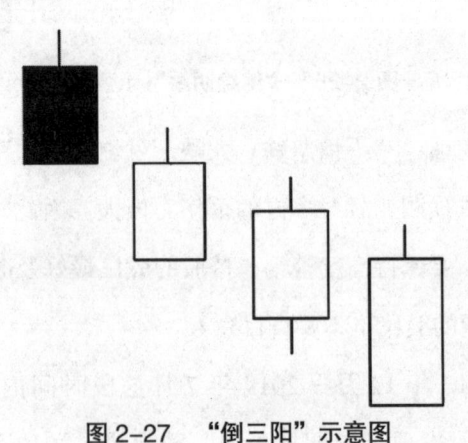

图 2-27　"倒三阳"示意图

"倒三阳"一般出现在有庄家身影的股票中，从本质上说，这是庄家为了顺利出货而营造的假象。很多股民因为不了解这种组合的特征的含义，看到连续出现的阳线就认为股价即将企稳，从而盲目做多，导致自己"中招"受损。因此，如果在实战中遇到这种组合，一定不要被阳线所迷惑，此时最佳的应对策略就是卖出手中的股票，在场外观望。

例如，深天马A（股票代码：000050）经历了一段时间的多空双方激烈较量后，在下行中连续出现三个阳线，形成"倒三阳"组合，造成该股即将回暖的假象（图2-28），从图中可以看到，这种假象的别后其实是股价的持续下滑，如果股民朋友看到这三根阳线就盲目介入的话，后市就将遭受较大的损失。

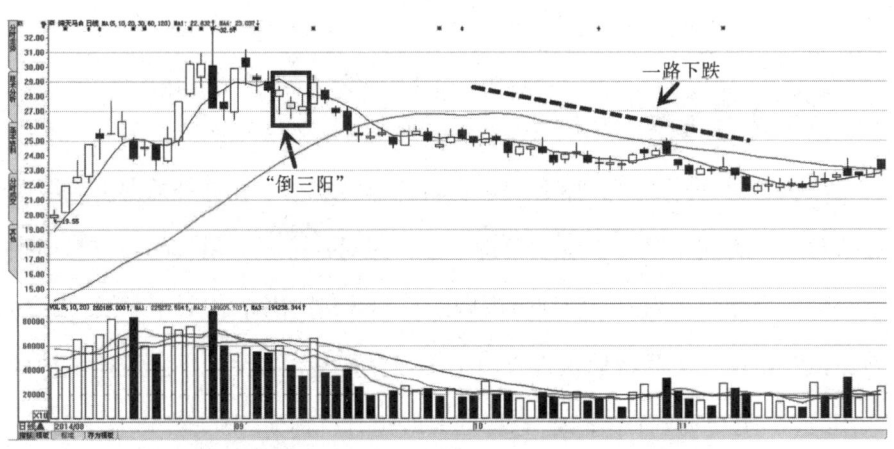

图2-28 2014年8月~11月深天马A K线图

当下跌组合出现后，意味着股价将要进入下跌趋势，股民朋友们如果不及时止损或盲目抄底，就会令自己陷于万劫不复的境地。因此，在面对下跌组合时，要及时离场并尽量保持看空的思维，谨慎操作。

五、特殊组合

在实战中，经常会碰到一些比较特殊的K线组合，这些特殊组合有时能给股民带来希望和喜悦，有时也会带来失望和懊悔。以单一K线中的大阳线为例，其本身应象征着积极的走势，但在实战中，它的出现是否预示着后市走向积极，还需要具体的考证。如果它出现在一段上涨行情后的高位，那么就很可能是股价大跌的先兆。同样，分析特殊的K线组合时也应如此。

遇到具有"两面性"的K线组合时，要根据它们出现的位置和成交量的变化，来研判其透露出来的信息，这就要求股民朋友在了解它们的基础上，学会结合实况进行综合分析。

（一）尽头线

股价走势一片大好，原有的运行轨迹非常积极，在这种情况下，股民一般都会认为这个趋势会继续维持下去，这时在一根大阳线的右方却出现了一根完全涵盖在阳线上影线范围内的小阴线（小阳线）或者十字线；反之，在下跌行情中，大阴线后次日收出了一根完全涵盖在阴线下影线范围内的小阳线（小阴线）或者十字线。这样的K线组合就称为"尽头线"（图2-29）。

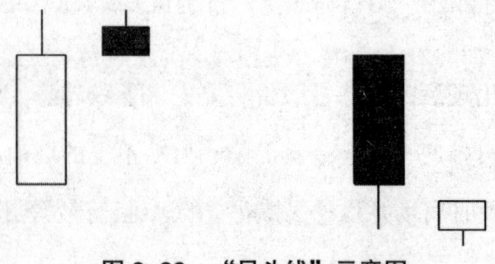

图2-29　"尽头线"示意图

在股市实战中，"尽头线"可以作为一种转势信号，如果它出现的位置是在股价向上运行的过程中，通常意味着股价将要下跌，此时应考虑减仓操作；反之，即在股价处于向下运行的趋势中出现了"尽头线"，通常意味着股价将会迎来一段升幅，此时可以适当购入。

（二）镊子线

"镊子线"是特殊组合中的一种，它既可以出现在股价上涨的过程中，也可以出现在股价下跌的过程中。如果出现在升幅中，中间的 K 线大致位于左右两根 K 线的顶部，并且三根 K 线的最高价基本处于同一水平面；而跌势中的"镊子线"，中间的 K 线位于左右两根 K 线的底部，并且三根 K 线的最低价基本处于同一水平面（图 2-30）。

（1）涨势中的"镊子线"　　　　（2）跌势中的"镊子线"

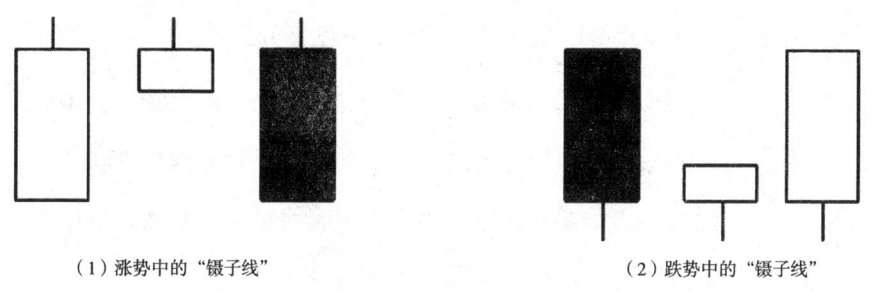

图 2-30　"镊子线"示意图

股价在上涨的过程中，尤其是出现了一段较大的涨幅后，如果出现了"镊子线"，往往意味着股价将会转势向下运行；反之，股价在下跌的过程中，尤其是出现了一段较大跌幅后，如果出现了"镊子线"，通常意味着股价将要见底回升。

对于股民朋友来说，遇到"镊子线"组合时，最重要的就是认清趋势，利用成交量、出现位置等因素来决定自己的操作策略，谨防因"认错"组合而走入歧途。

（三）黑三兵

"黑三兵"也被称为"绿三兵"，由三个小阴线组成，并且这三根小阴线的最低价呈递减趋势（图2-31）。

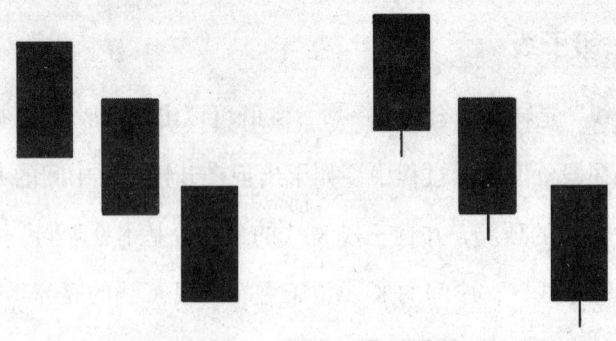

图2-31　"黑三兵"示意图

"黑三兵"可以出现在股价上涨的过程中，也可以出现在股价下跌的过程中，根据其所在位置的不同，具体的技术含义也不同：

如果黑三兵出现在上涨行情中，特别是股价已经大幅上涨之后出现黑三兵，往往意味着后市行情即将转跌；但是如果黑三兵出现在下跌行情的后期，股价已经大幅下跌之后，它的出现暗示着股价即将触底，后市很可能会出现一段上升行情。

第三章 ◎ K 线整理形态

纵观股市的发展历史可以发现这样一个现象：股价上涨和下跌的时间要远少于整理的时间。也就是说，大部分时间股价都处于整理态势中。股价在整理的时候，会形成各种各样的整理形态，它们往往预示着股价后市发展的趋势，如果股民朋友能够掌握这些形态特征，就能更加准确地把握股价未来的整体运行方向，提高投资效率，扩大获利空间。

一、上升楔形和下降楔形

上升楔形和下降楔形是股市中比较常见的两种整理形态。这两种形态与上升三角形和下降三角形有些相似，但是它们彼此所代表的含义完全不同。从其本质来看，上升楔形和下降楔形都预示着股价即将打破整理形态，进入到下一阶段的走势中，如果能够把握好这两种形态，就能在股市即将发生转势前，提前做好准备工作，从容应对可能出现的情况。

（一）上升楔形

上升楔形一般出现在股价持续下跌后的回升阶段。股价在持续下跌一段时间后，转为回升震荡态势，并且震荡的幅度越来越小。如果将震荡过程中的高点连成一条直线，再将其低点连成一条直线，就出现了上升楔形的雏形（图3-1）。

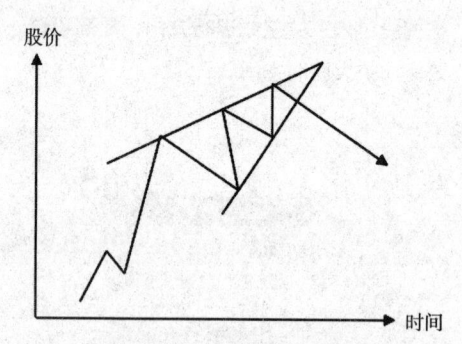

图3-1 上升楔形示意图

上升楔形具体可以分为持续楔形与逆转楔形两种。如果在形成上升楔形的过程中，股价向高处震荡，而成交量逐步减少，那么就形成了持续楔形；如果在形成上升楔形的过程中，股价向高处震荡，而成交量也同步向上运行，那么就形成了逆转楔形。无论是哪一种楔形走势，后市一般都被看淡。

例如，亚太实业（股票代码：000691）在2014年8月～11月以上下震荡的方式不断向上运行，每一次震荡形成的高点与低点都越来越高，并且成交量整体呈现出萎缩的态势，整体走势形成了上升楔形，以此可以推断出该股后市很可能会出现下跌行情（图3-2）。从图3-2中可以看到，在出现上升楔形后，该股确实开始大幅下跌。

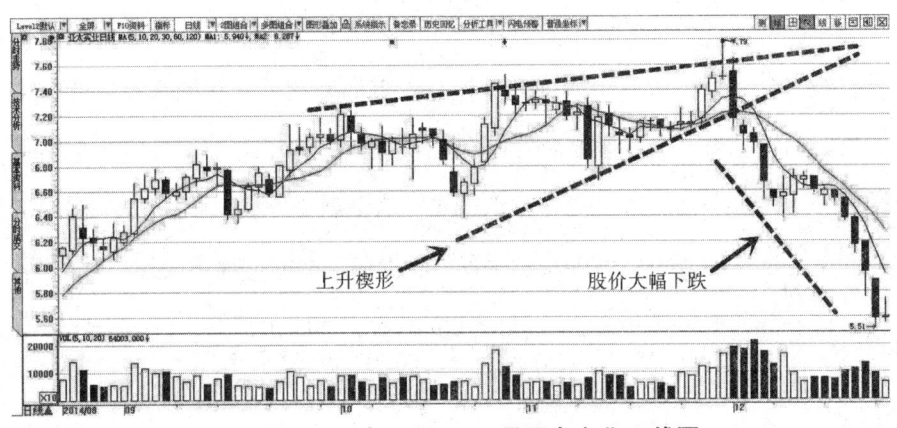

图3-2 2014年8月～12月亚太实业K线图

一般来说，上升楔形为股民朋友提供了一种信号，即股价下跌的趋势并没有发生根本性改变，因此在遇到这种形态时，一定要想到这只是股价的反弹，而不是原有的跌势发生了反转。

通常上升楔形形成之后以往下突破的情况居多，不过也有形成这种形态后股价向上突破的可能：当一只股票在上升楔形形态形成的时候，成交量变化表现为逐步放大，并且在向上突破的时候放出了巨量，就可以认为其后市趋势是向上运行。但是从股市的历史数据来看，这种情况发生的可能性非常小。

（二）下降楔形

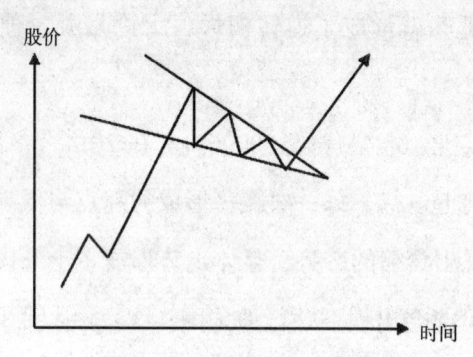

图 3-3　下降楔形示意图

下降楔形的特征是：股价在经过了一段大幅上涨之后，从高位向下回落，跌至某一个低位后再次回升，但是没有回升至上一次的高点，有时还会相距较远，便又一次形成回落；第二次下跌跌穿了之前的低点，但是很快回升。将两个低点以及高点分别连线，就出现了下降楔形（图 3-3）。

下降楔形通常为主力的洗盘手段。股价在上涨的过程中突然出现回落，就会使一部分股民产生恐惧心理，他们所希望的股价持续上涨的态势没有发生，而是被一波接一波的向下震荡所代替，股价的高点越走越低，回落的低点也越来越深，于是开始萌生退意，最终纷纷抛出离场。

当控盘主力通过这种方式达到洗盘目的后，就开始重新蓄力操控股价走高，股价呈现出加速上涨的态势。由此可见，下降楔形多为主力制造空头陷阱的一种手段，其最终的目的就是清洗部分筹码，为今后的拉升做好铺垫。

例如，银星能源（股票代码：000862）在 2014 年 11 月 ~ 2015 年 2 月期间构筑出了下降楔形的走势（图 3-4）。2015 年 1 月 19 日，该股以 7.20 元创造出了相对低点，此时下降楔形已基本构筑完成，随后股价开始大幅上涨，2015 年至 4 月 8 日，其最高价已经上涨至 11.09 元，期间涨幅达到了 54.03%。

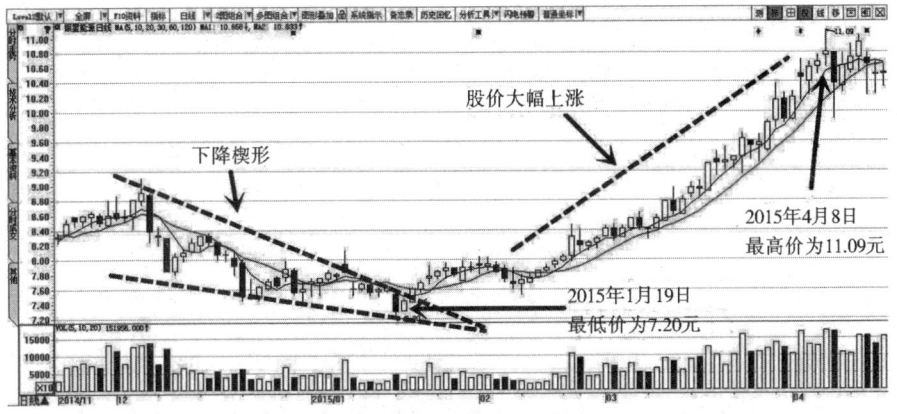

图 3-4　2014 年 11 月～2015 年 4 月银星能源 K 线图

清楚下降楔形的特征和技术含义以后，该用什么样的方法来应对呢？

当主力打压股价时，股民朋友可以按兵不动，也可以利用下降楔形的技术形态特征来进行高抛低收的操作，即当股价临近下降楔形上边线的时候卖出，在临近下边线的时候买进。但需要注意的是，由于下降楔形走势会变得越来越窄，当下降楔形形态即将形成的时候，最好停止这种高抛低收的操作，改为静待股价上涨。

在下降楔形形成的过程中，如果成交量出现萎缩，或者其形成的时间过长（如超过一个月）很可能意味着主力的操控失败，后市的发展将不可预测。

二、上升旗形和下降旗形

在股市中，每一种走势都包括酝酿、发展、形成三个阶段，表现在图像上，就会形成一些特征明显的 K 线形态。一旦某种形态确认形成，通常都会对后市的发展具有启示作用。上升旗形和下降旗形就是这些K线形态中比较典型的整理形态，在股市中有很强的预测能力，学会把握、运用旗形形态，就能在股市中趋吉避凶。

（一）上升旗形

股价在经过一段上升行情后，又走出一轮下跌行情，并且反复发生这样的情况，如果将其走势中的高点用直线连接起来，再把低点也用直线连接起来，就可以发现其图形由左同右下方倾斜的单行四边形，犹如一面迎风飘动的旗帜，因此，这种走势形态就被称为"上升旗形"形态（图3-5）。

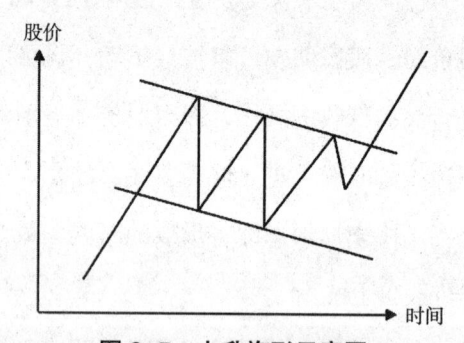

图3-5 上升旗形示意图

无论是在中国的股市，还是在国外的股市，上升旗形都是一种很常见的K线形态，其形成的原因很简单：当股价上涨到一定高度后，获利筹码已经达到一定数量，控盘主力为了减轻股价继续上涨的压力，势必要采取一些洗盘的手段，才能更好地达到获利的目的，而上升旗形正是主力洗盘所营造出的股价形态。

在中国股市的历史中，一些涨幅巨大的牛股，大多经历了上升旗形的"洗礼"，夯实了股价，最终走出了一段惊人的行情。如果不了解这种形态的特征以及技术含义，就错失获利良机，因此，认清上升旗形的特征和技术含义，是非常重要的。

例如，2015年2月~5月，GQY视讯（股票代码：300076）在经过一段小幅上涨后，开始以震荡的方式向下运行，并且每一次的高点和低点都要比前一次的高点和低点低，整体走势构筑出了上升旗形形态。2015年2月26日，该股最低价仅为15.60元，而在经过"上升旗形"的洗礼后，该股通过上涨行情在2015年5月22将最高价提升到了29.76元，期间涨幅达90.77%（图3-6）。

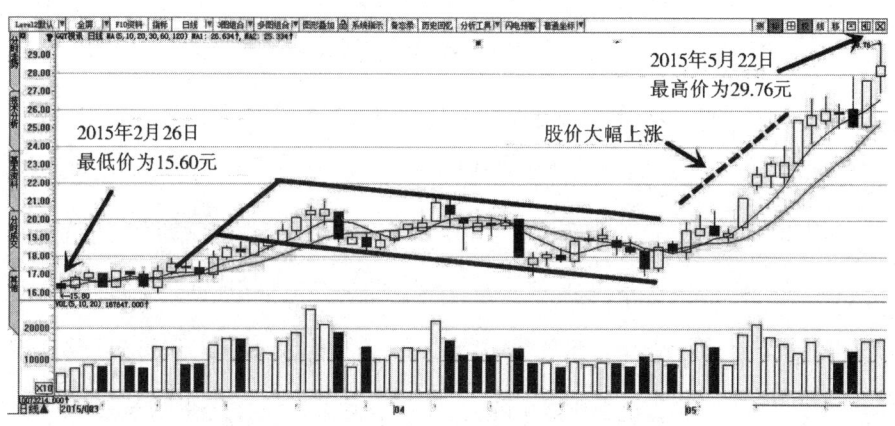

图3-6　2015年2月~5月GQY视讯K线图

由上述案例可以看出，当出现"上升旗形"时，不要被股价降低所迷惑，只需静观其变，等待股价上涨即可，持股者甚至可以在股价突破的时候追加筹码。

（二）下降旗形

下降旗形在K线图像上的表现特征为：在下跌趋势已经确认形成后，当股价下跌到某个支撑位时，会出现一个从左向右上方倾斜的平行四边形。这种形态实质上是股价下跌过程中的整理形态，整理结束后股价仍然会保持原来的趋势向下运行。简单来说，下降旗形就是空方主力为了进一步打压股价而设置的多头陷阱（图3-7）。

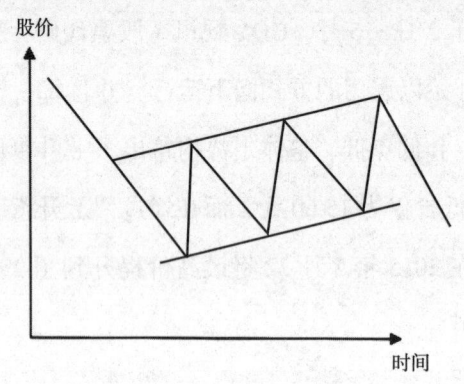

图3-7 下降旗形示意图

如果股民朋友在投资的过程中不明就里，看到股价在上涨就盲目买进，那么就很有可能落入主力布置的陷阱中。

例如，金运激光（股票代码：300220）在经过一段上涨后，先是小幅下跌，随后便构筑出下降旗形走势。当下降旗形走势形成后，该股股价又开始大幅下跌。2014年10月30日，该股最高价为41.89元，随后受到下降旗形走势的影响，至2014年12月31日，其最低价已经下跌至24.72元，跌幅达到了40.99%（图3-8）。

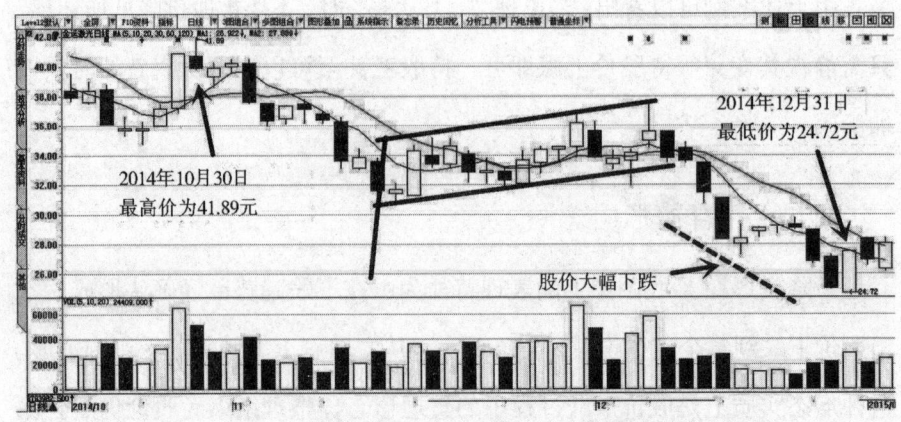

图3-8 2014年10月~2014年12月金运激光K线图

股民朋友们需要注意以下两点：

（1）上升旗形一般出现在股价有了一定的上涨幅度之后，是主力常用的一种洗盘方式，后市表现依旧会走高，遇到这种形态时，一定要"拿稳"该股。

（2）遇到下降旗形的时候，持有该股的股民最好能趁股价反弹的时候多卖出一些股票；而持币的股民最好选择场外观望，不要轻易介入抢反弹。

三、上升三角形和下降三角形

上升三角形和下降三角形是比较典型的整理形态。上升三角形的出现，是买卖双方在一定的价格区域内不断较量所造成的。在此过程中，买方的力量稍占上风，而卖方在股价到达了一定高度后不急于出手，但是也不对后市看好。于是，股价在一段三角区域内不断震荡，并且每一次回落的低点都在升高，直到市场资金大量注入后，股价便开始持续升高。

下降三角形同样是买卖双方较量的结果。在上升三角形中，由于低点不断被抬高，看好后市的人越来越多，最终引起了股价的上涨；而下降三角形则是卖方始终占据优势，股价不断创出新低，最终股价大幅下跌。

（一）上升三角形

上升三角形一般出现在股价上涨的过程中，股价上涨时的最高点基本上处于同一水平（图3-9中"1""2"），但回落后形成的低点却一次比一次高（图3-9中"3""4"），如果用直线分别将高点和低点连接起来，就形成了一个向上倾斜的三角形。上升三角形在形成过程中成交量会呈现出不断减少的态势，其中，上升的时候成交量比较大，而回落的时候成交量比较少。

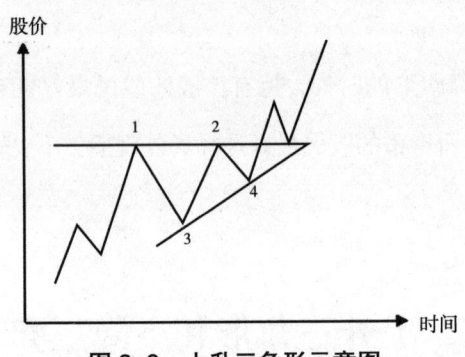

图 3-9　上升三角形示意图

一般来说，上升三角形最终完成后，都会选择向上突破，但需要注意的是，上升突破的时候，成交量一般都会出现放大的情况，如果突破时没有成交量的配合则很可能是"假突破"。另外，突破的时间越早，后市的上涨潜力就越大，而那些形成上升三角形却迟迟无法完成突破的股票，很可能是主力为了出货而设置的陷阱。在这种情况下，一旦主力完成出货，上升三角形非但不会突破，反而会继续发展成双重顶形态，股价后市会大幅下跌。

例如，泰达股份（股票代码：000652）于2015年2月~4月，在底部区域构筑出了上升三角形形态，并且在该形态尾部成交量逐步放大，可以说该上升三角形的可信度比较高。2015年3月18日，该股突破上升三角形上边线，此时该股最低价为7.95元，如果股民朋友能够在此时积极买进该股，并在随后的2015年4月13日以11.92元的最高价卖出，就能吃到一段幅度为49.94%的上涨行情（图3-10）。

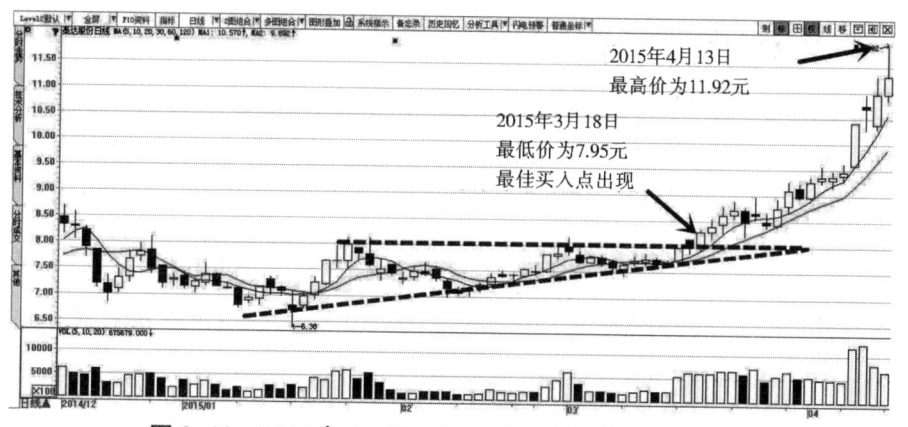

图 3-10　2014 年 12 月～2015 年 4 月泰达股份 K 线图

一只股票出现了上升三角形形态后，后市股价一般都会一路上涨，股民朋友可以将其视为典型的买进信号。在实际的股市投资过程中，如果股价突破了上升三角形的上档压力线，小幅回落后再次创出新高，此时即为最佳买入点。

（二）下降三角形

下降三角形大多出现在股价下跌的过程中，其主要特征表现为：股价创造的高点逐步下降，在低位形成点位"1""2""3"，并且这几个点位几乎在同一高度上，反弹时成交量也没有放大的迹象，而下跌时的成交量却比反弹时要大（图 3-11）。

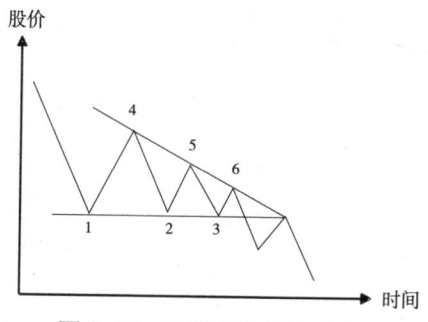

图 3-11　下降三角形示意图

下降三角形多是由于卖方的表现比较积极而形成的，市场中抛出的情绪比较强烈，股价被不断压低，在图形上形成了一个倾斜向下的三角形。

例如，恒天天鹅❶（股票代码：000687）经过一段大幅上涨之后，于2013年1月29日达到最高价4.38元（图3-12）。当股价在高位横向运行了三个交易日后，该股先是从高位由缓而急地下跌，继而又形成了两次反弹行情，尽管两次行情的高点在不断下滑，但是所创造的低点却几乎在同一水平位上，整体走势构成了下降三角形。从图中可以看到，该股在形成下降三角形后，股价开始大幅滑落。至2013年6月26日，该股最低价已经下跌至2.80元，较1月29日的最高价相比，跌幅达到了36.07%。

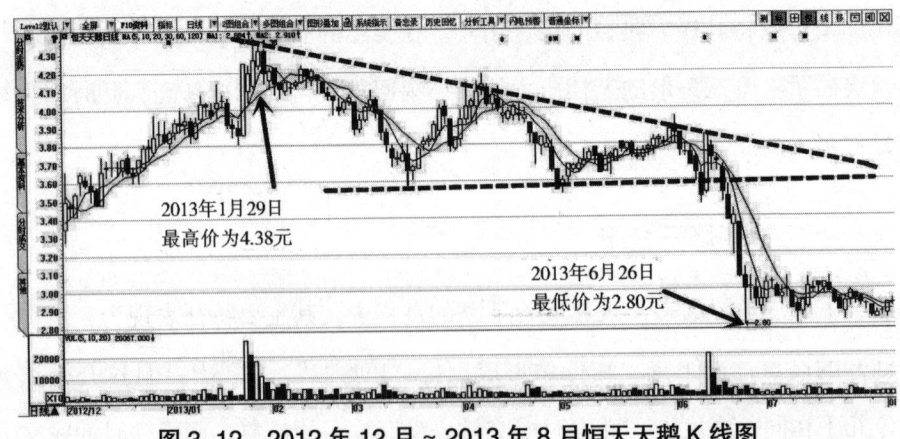

图3-12　2012年12月～2013年8月恒天天鹅K线图

需要注意的是，当下降三角形出现时，股民朋友不可贸然确定底部。在上升三角形中，如果股价发展到了三角形的尾部，并且成功突破，那么后市一般会出现上涨行情。但是在下降三角形中，如果股价跌破了最后的尾部，那么其后市可能会出现小幅下跌后反弹上涨，也可能会持续下跌的态势。

---

❶ 恒天天鹅于2015年10月23日更名为华讯方舟，华讯方舟于2020年6月16日更名为*ST华讯。

下降三角形形态被突破后，股价会出现回抽，一般回抽的高度位于下降三角形的底部阻力线附近，在这个位置获利盘对后市看空，从而大量抛出持股，导致股价持续大幅下跌。股民朋友如果遇到这样的情况就应该在形态尾部及时卖出，以保证自己不会蒙受更大的损失。

四、矩形

矩形又被称为"长方形"或者"箱型走势"。在股市中，这是一种极为常见的整理形态。一般来说，整理形态确认形成后，反映出的后市走势比较单一，也比较明显。但是矩形形态确认形成后，其后市可能会迎来上涨趋势，也可能要面临下跌行情。

（一）矩形形态的表现特征

矩形形态的表现特征为：如果将股价横盘阶段时出现的两个最高点"1"和"2"用直线连接起来，再把股价横盘时出现的两个最低点"3"和"4"用直线连接起来，就可以勾画出一个矩形（图3-13）。

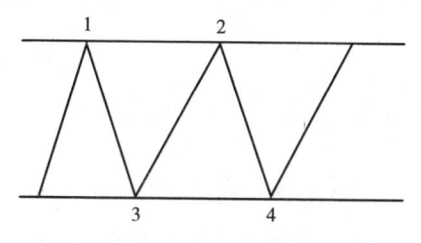

图3-13 矩形形态示意图

在矩形形态构建的时候，股价会在一定的范围内不断上下波动。当股价上升到矩形的上边线时就向下回落，而当股价回落到矩形的下边线时又开始反转上涨，直到空方和多方中的一方耗尽力量，股价就会单一的冲着某一方向突破运行。

矩形属于典型的整理形态，但整理后最终的股价运行趋势，需要根据当时多空力量的比例来决定，在股价没有突破形态之前，无法准确地判断出股价具体的运行方向。

例如，温州宏丰（股票代码：300283）在2015年3月末～5月股价在矩形区域内上下波动，随后在5月12日向上突破矩形上边界线，形成最佳买入信号，如果能抓住机会跟进该股，就能在后市吃上一波不小的上涨行情（图3-14）。

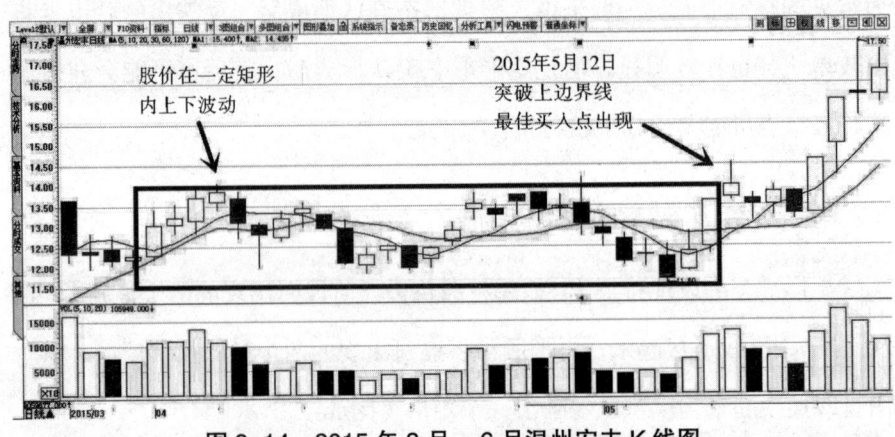

图3-14　2015年3月～6月温州宏丰K线图

（二）第一行动准则

遇到矩形形态后，股民朋友最佳的选择就是静心等待，以场外观望为第一行动准则，只要股价不突破矩形的上边线，就坚决不买进。而对于已经进场的股民来说，如果股价在矩形整理结束的时候向下突破，就应毫不犹豫地抛出手中的股票，即便是割肉离场。

例如，赛为智能❶（股票代码：300044）在 2014 年 9 月～12，股价在一个矩形区域内上下波动，最后于 2014 年 11 月 21 日向下跌破该矩形的下边界线，此时最佳卖出信号已经出现，如果不能在此时及时抛出手中的持股，那么后市将面临巨大的损失（图 3-15）。

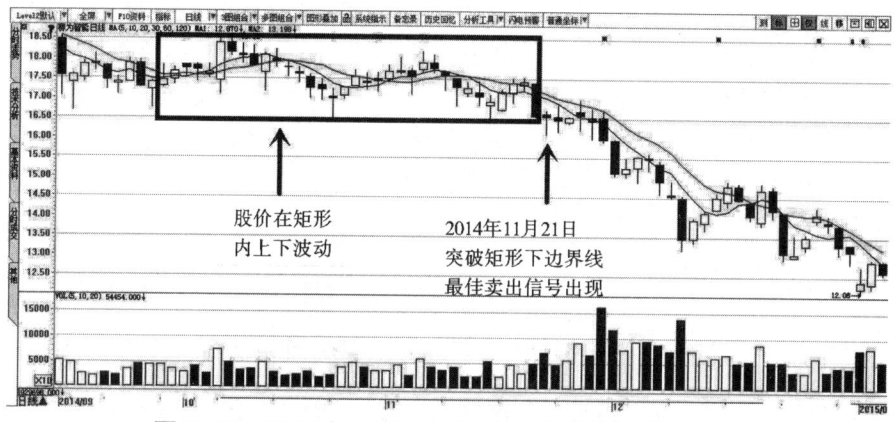

图 3-15　2014 年 9 月～2015 年 1 月赛为智能 K 线图

五、收敛三角形

"收敛三角形"也被称为对称三角形，它是股市中很常见的一种整理形态。

（一）收敛三角形的走势形态

在一段时间内，股价始终在一定的区域内上下波动，并且波动的幅度逐渐缩小，形成最高价一次比一次低，而最低价却一次比一次高的现象，

---

❶ 赛为智能现为 *ST 赛为。

呈现收敛压缩图形，将这些短期高点和低点用直线连接起来，就能勾画出一个比较对称的三角形。在这个比较对称的三角形形成的过程中，如果成交量随着股价的波幅逐渐变小，那么其整体走势形态就可以被视为"收敛三角形"（图3-16，图3-17）。

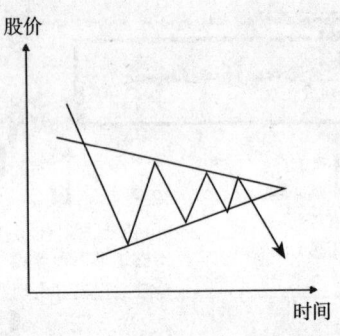

图3-16 收敛三角形示意图1

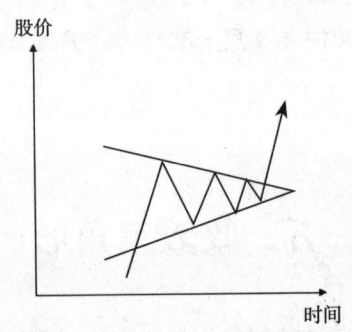

图3-17 收敛三角形示意图2

（二）利用收敛三角形判断买卖点

"收敛三角形"的出现意味着在一定区域范围内，多空双方的力量势均力敌，市场内的买卖处于一个较为平衡的状态。当股价从第一个短期高点回落的时候，多方会立刻发动攻势，将股价拉高。但是由于不确定后市行情会如何发展，因此多方不会将全部的力量投入这次拉升中，股价在回落后也只能小幅上涨，并没有突破上一次的高点便再次下跌；在下跌的过程中，存在一部分对后市看好或者不愿意以过低价格卖出持股的股民，所以回落时的主动性卖压并不强，成交量也就不会大幅增加，股价还没有跌落到上一次的低点就企稳回升，多空双方胶着性的争斗导致股价上下波动的范围越来越小，最终形成了收敛三角形。

对于新股民朋友来说，遇到这种形态时，往往最佳的买卖点会出现在股价突破三角形上下边界的时候，如果此时出现了反抽现象，就可以被视为非常强烈的买卖信号。

例如，浦发银行（股票代码：600000）在2015年3月初至中旬这段时间里，就构筑出了收敛三角形形态，股价最低达到13.51元。随后股价向上突破，截至4月17日，该股最高价已经上涨至19.05元。当股价突破了收敛三角形的上边界线时，成交量也随之放大，并且在放量突破之前，该股MACD指标也形成了"金叉"形态，证明该形态可信度比较高，后市出现上涨行情的概率非常大。对于新股民朋友来说，这是一个非常好的买进信号，如果新股民朋友能够及时买进，就能坐享一段上涨行情（图3-18）。

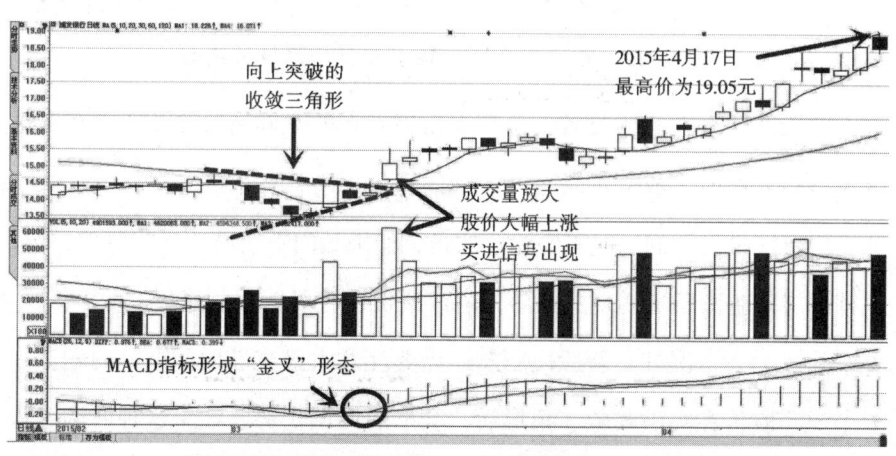

图3-18　2015年2月~4月浦发银行日K线图

中江地产[1]（股票代码：600053）在 2014 年 10 月初至 11 月末这段时间里，就形成了向下突破的收敛三角形，10 月 15 日该股最高价为 11.99 元；在收敛三角形形成后股价向下突破，截至 12 月 23 日，该股最低价已经下跌至 8.17 元。当股价突破了收敛三角形的下边界线时，成交量也随之放大，并且在放量突破之前，该股 MACD 指标也形成了"拒绝金叉"形态，证明该形态可信度比较高，后市很可能会出现下跌行情。对于新股民朋友来说，这是一个非常好的卖出信号，如果新股民朋友没能及时卖出持股，后市的下跌行情就会使其损失惨重（图 3-19）。

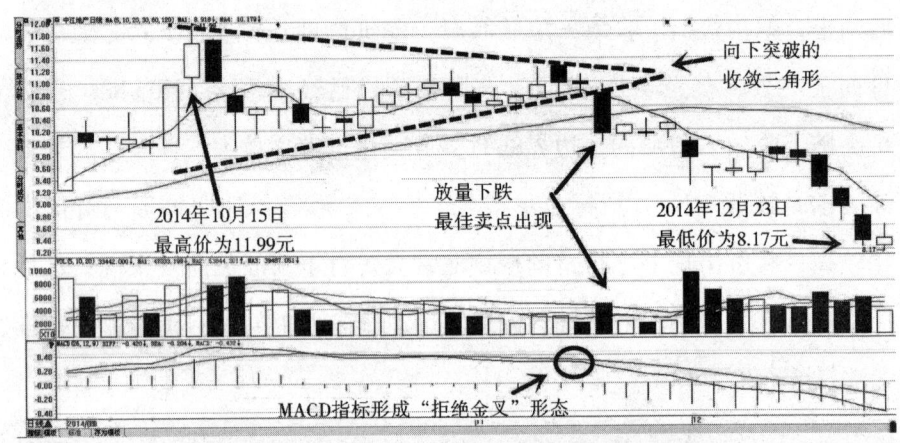

图 3-19　2014 年 9 月～12 月中江地产日 K 线图

新股民朋友在利用收敛三角形判断买卖点的时候，要注意股价在突破该形态边界线时，成交量是否有放大的现象出现，如果成交量确实放大，就说明突破是有效的。但需要注意的是，如果是向下突破边界线时放大量，也有可能是主力营造的空头陷阱，后市股价也有可能会上涨。

除了上述情况外，新股民朋友还需要注意大盘突破后回调的问题。一般来说，股价在突破收敛三角形后，会形成回调走势，如果这种回调走势

---

[1] 中江地产于 2015 年 12 月 30 日起更名为九鼎投资。

能够在短期内快速结束，并且在跌破上一点之前回升，就说明大盘向上突破是真实有效的；反之，则意味着大盘此次突破无效，新股民朋友还需要结合其他数据来选择买卖点。

通常情况下，收敛三角形的形成时间越长，一旦股价突破边界线，理论上后市的上涨空间就越大，但是所谓的长时间并不是越长越好，如果出现了长达一年或者数年的收敛三角形，其参考意义就会大打折扣，甚至是完全没有意义的。因为收敛三角形走势反映的是股民的投资心态，一般股民不会受到数年前心态的影响。一般来说，持续数月的收敛三角形就具有了极强的力度，如果时间周期更长，就需要结合多方面数据进行更详细的分析，才能得出有参考价值的结果。

六、扇形

扇形，在股市中的含义是指某只股票的价格在很有可能上升或者下跌前呈现的信号，是判断股票未来走势的一种技术形态。扇形的出现是为了表达股市中个股的价格上升和下降的意愿，对于股民朋友来说，则可借其判断出买入时机和卖出时机。所以它又分为上升扇形和下降扇形 (图 3-20，图 3-21)。

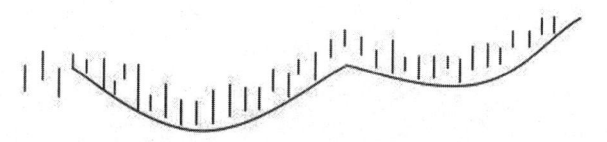

图 3-20　上升扇形示意图

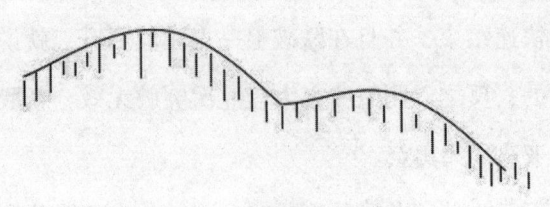

图 3-21　下降扇形示意图

（一）上升扇形

上升扇形的特点是，当股价处于一个半圆底部时，成交量也下降；当股价在半圆后半段的时候成交量也跟随股价的上升而上涨。上升扇形的新半圆要比前一个半圆股价整体高一些，具体是指新的半圆的底部底价要高于前一个半圆的底部底价，而且新的半圆的上升顶部股价要比前一个半圆的顶部股价高。上升扇形是一个非常好的判断股票走势的技术形态，它在很多时候都会带来后市股价的上涨，所以投资者可以在上升扇形出现后及时买入。

例如，在 2014 年 6 月～7 月，中国中车（股票代码：601766）股价在相对较低的位置出现上升扇形走势，股价从 6 月 9 日股价最低 4.06 元，一路上涨，截至 10 月 23 日股价最高 6.21 元（图 3-22）。

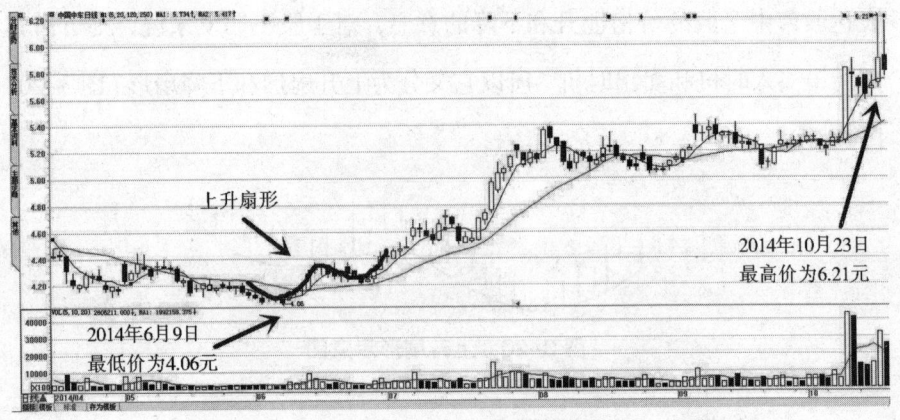

图 3-22　2014 年 4 月～10 月中国中车日 K 线图

（二）下降扇形

下降扇形的特点是，当股价在处于半圆的顶端时，成交量也随之变大；当股价处于半圆的后半段时，成交量也跟随着股价的下跌而减少。下降扇形的新半圆要比前一个半圆的股价整体低一些，具体指新的半圆的顶部股价低于前一个半圆的顶部股价；新半圆的尾部股价低于前一个半圆的尾部股价。下降扇形也是一个非常好的判断股票走势的技术形态，它在很多时候都寓意着后市股价下跌，所以投资者可以在下降扇形出现后及时抛出手中持股，场外观望。

例如，在2014年9月~10月，号百控股（股票代码：600640）股价在相对较高的位置出现下降扇形。股价从2014年9月10日的最高价21.99元，一落下跌，截至2014年12月22日股价最低14.96元（图3-23）。

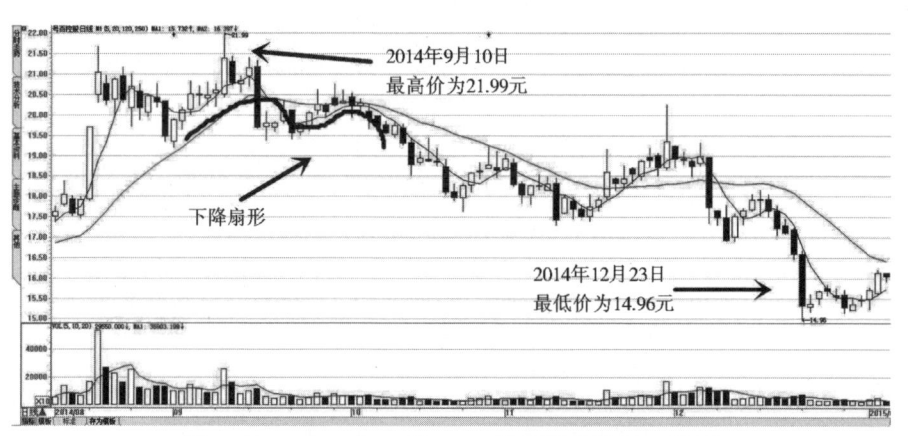

图3-23　2014年8月~12月号百控股日K线图

扇形这种技术形态对于判断股市走向是非常有用的。上升扇形的出现带来后市股价上涨的可能性非常大，虽然它的灵敏性不如其他技术形态，但是由于它的形成一般是经过一段时间的考验得到的结果，再通过历史数据分析，所以比一般的技术形态判断后市的成功性要好一些。前一阶段那一点下跌导致的损失远远比不上后期的大幅度上涨带来的利润，所以上升扇形更加实用。下降扇形与上升扇形的特性基本相同，但是下降扇形代表的是后市将会出现下跌行情而不是上涨行情。

第四章 ◉ K 线反转形态

一般来说，当走势图中出现反转形态时，往往意味着股价的走势即将由跌转升或者由升转跌。在实际的股市投资中，掌握各种各样的反转形态，能够帮助股民朋友预测后市的股价走势，判断合适的买卖时机，成为股市赢家。

一、双重顶和双重底

在股市中，双重顶和双重底（或者叫 M 顶和 W 底）出现的频率较高，所产生的影响也比较大。回顾深沪两市的历史行情走势，双重顶的出现一般预示着后市行情将会出现大幅下跌，而双重底的出现一般预示着后市将会出现比较大的上涨行情。

（一）双重顶

双重顶的形成过程是：当一只股票上涨到某一价格后，出现大额的成交量，随后股价开始下跌，成交量也开始减少。接着股价又上升到与之前价格几乎相同的顶点，成交量随之再次增长，却无法再次达到上一个成交高峰，结合第二次下跌，股价整个运行轨迹犹如英文字母"M"（图4-1）。这就是所谓的"双重顶"，通常被简称为"双顶"或"M顶"。

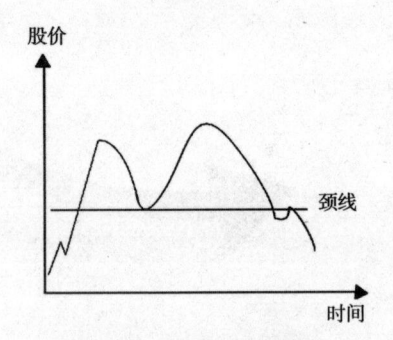

图 4-1 双重顶示意图

例如，2014年2月～5月，经过了一段上涨行情的香江控股（股票代码：600162）在顶部区域形成了双重顶形态，并且第二次顶点形成时的成交量要远小于第一次顶点形成时的成交量，证明该"顶"可信度较高，预示着该股即将开始深幅下跌。2014年3月3日，该股最高价为6.45元，待双重顶形态完成后，该股开始深度下跌，至2014年6月19日，该股最低价已滑落至4.33元，较顶点股价相比，跌幅达到了32.87%（图4-2）。

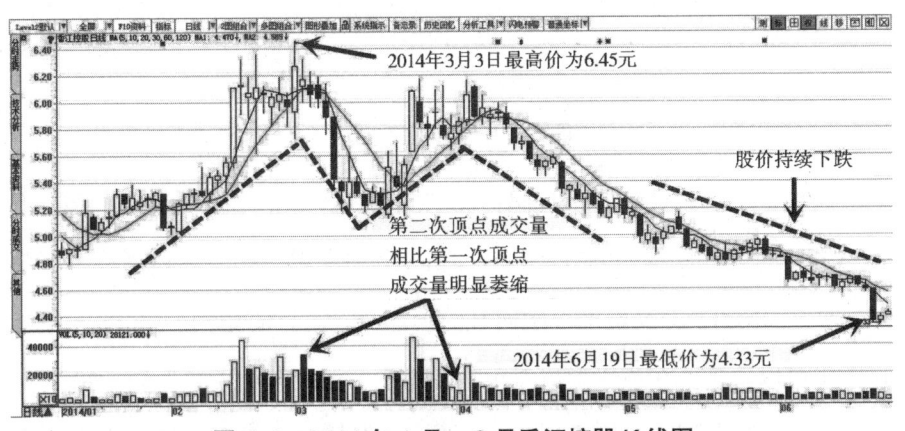

图4-2　2014年1月~6月香江控股K线图

双重顶形态一般被认为是股价由升转跌的反转信号，当出现时通常意味着股价的上涨趋势已经进入尾声时期，一旦股价跌破双重顶的颈线，就是一个非常强烈的卖出信号。

（二）双重底

双重底的形成过程是：当一只股票下跌至某一个平台后出现了技术性反弹，反向上升的幅度较小，时间也较短。随后股价再一次下跌，当跌至上一次的低点时，却获得有效支撑，导致股价第二次上涨，并且这次上涨的成交量要比之前反弹时的成交量大。在此过程中，股价的移动轨迹犹如英文字母"W"，这就是所谓的双重底，也可以简称为"双底"或"W底"（图4-3）。

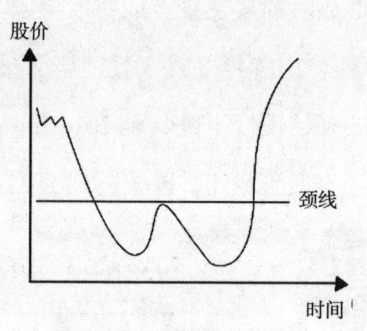

图 4-3 双重底示意图

例如，济川药业（股票代码：600566）在经历了一波下跌行情后，于2015年1月初小幅缓慢回升，直到1月末再度下跌，但是在经过短暂下跌后，便再次回升，并突破前一次回升的顶点，形成了双重底形态（图4-4）。从图中可以看到，在该股形成双重底形态后，股价开始大幅上涨。2014年12月30日，该股最低价格仅为18.80元，但是在底部形成双重底形态后股价大幅上涨，于2015年5月14日达到最高价29.38元，期间涨幅达到了56.28%。

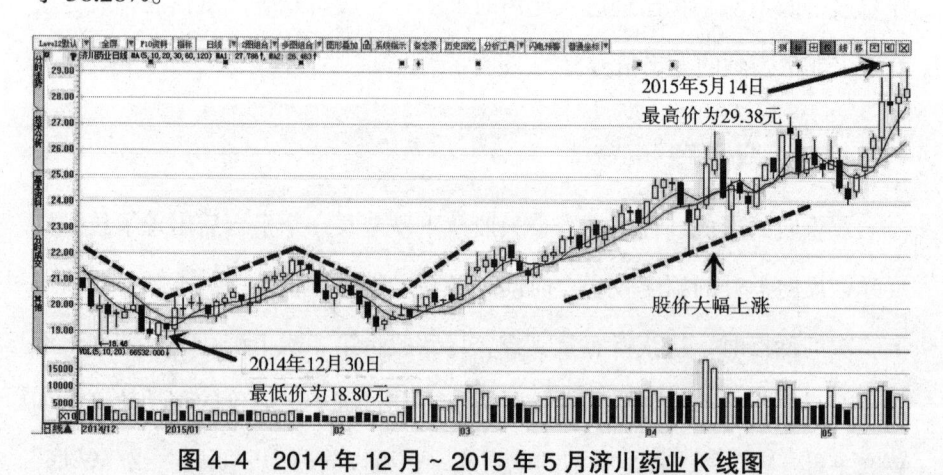

图 4-4　2014年12月~2015年5月济川药业K线图

在股市中，双重底是比较典型的反转形态。当出现双重底时，通常意味着下跌的行情即将结束，上涨行情即将到来。双重底一般出现在时间比较长的下跌趋势的底部，所以当双重底形成的时候，股民朋友可以将双重底的底部最低点认为是该股的阶段性底部。当该股的股价上涨并突破双重底颈线的时候，即为最佳买入时机。

（三）双重顶与双重底的卖出、买入

（1）双重顶股价的移动轨迹类似字母"M"，它的出现一般预示着后市股价将会从升势转变为跌势。

（2）当双重顶出现之后，如果股价跌破其颈线就是一个非常可靠的卖出信号。

（3）双重底股价的移动轨迹类似字母"W"，它的出现一般预示着后市股价将会从跌势转变为升势。

（4）需要注意的是，双重底的形成时间一般不会少于一个月，否则出现的信号就不会非常强烈，股价后市还存在继续下跌的可能。

二、圆弧顶与圆弧底

圆弧顶形态在股市中比较少见。一般来说，圆弧顶形态的趋势变化较为平缓，想要确认圆弧顶是否发生，只要确认其成交量是否在随着股价的变化而变化，并且形态相近；而圆弧底则是圆弧顶的倒置形态，其成交量变化也遵循股价的变化趋势。

在股市实战中，圆弧顶被认为是股价下跌的预兆，而圆弧底则预示着股价即将回升。

（一）圆弧顶

在股价上升的过程中，买方经过一段时间的发力上攻后，力量开始逐渐减弱，而此时卖方的力量在不断加强，当双方力量达到均衡时就形成了股价的最高点，这时的股价虽然还能保持在高位运行，但随着卖方的力量不断加强，股价也随之下跌。因此，圆弧顶一般意味着股价即将面临一场大跌行情，股民朋友们如果遇到这种形态，在股价回落至颈线、圆弧顶确立形成时，就应该选择套现了结。

如图4-5所示，一般圆弧顶形态的股价都会先呈弧形上升，即形成图中"1"的高点位置，此后形成的新高点会比之前的高点高，然后回落点"3"低于上一次高点，上一次高点成为阶段最高点，也就是图中的"2"。当股价运行轨迹出现了三点后，就形成了圆弧顶，"1"与"3"之间的连线就成为该圆弧顶的"颈线"，即图中的"4"。

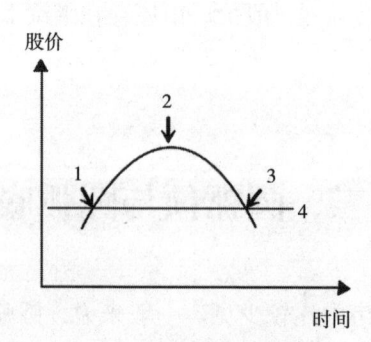

图4-5 圆弧顶示意图

例如，长江投资（股票代码：600119）在经过一段上涨行情后，在顶部区域形成了圆弧顶形态，这种形态预示着股价即将出现大幅下跌。2014年2月26日，该股股价从高位下跌至圆弧顶形态的颈线位置，这是一个非常强烈的卖出信号。从其后市的走势中可以得知，如果股民朋友没有在最佳卖点出现的时候及时抛出手中的持股，就会受到后市大幅下跌的影响，使自己蒙受损失（图 4-6）。

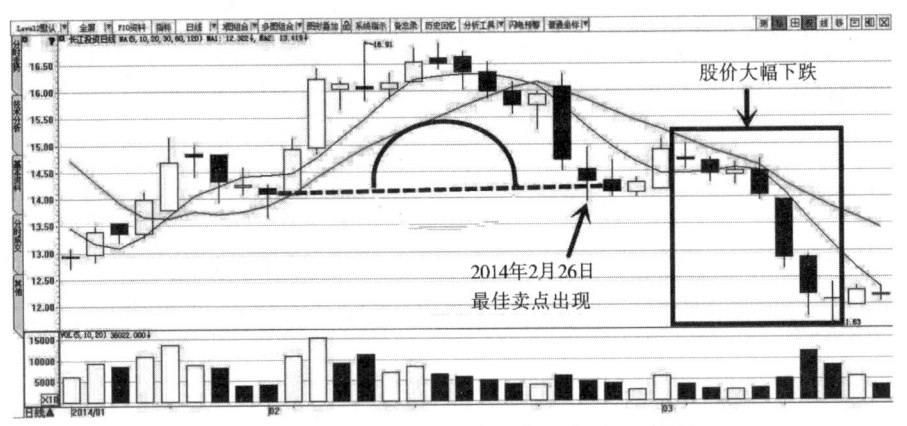

图 4-6　2014 年 1 月～4 月长江投资 K 线图

需要注意的是，并不是所有的圆顶最后都能形成圆弧顶形态，有时股价在经过一段时间的横向发展后，会形成一个徘徊区域，也就是俗称的"碗柄"区。通常情况下，只有当股价跌破"碗柄"区域后，才会继续圆弧顶应有的跌势。

（二）圆弧底

圆弧形态在股价的顶部区域和底部区域都会出现，在顶部区域形成上文中叙述的圆弧顶，而在底部区域形成的便是圆弧底（图 4-7）。

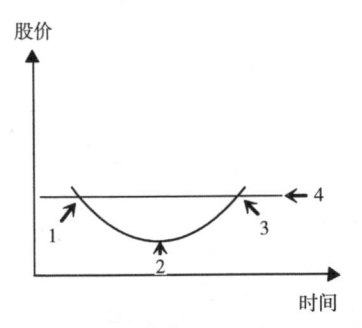

图 4-7　圆弧底示意图

（1）当在底部出现圆弧形态时，具体表现为股价呈弧形下跌，刚开始的时候，卖方的压力不断减轻，于是成交量持续减少，买入的力量仍旧保持沉默，形成了图中的"1"。

（2）随后虽然股价处于下跌态势，但是幅度却开始慢慢减小，趋势渐渐接近于水平走向，最终形成最低点"2"。

（3）在底部时，买卖的力量达到均衡态势，并配以较小的成交量，随后买方打破僵局，开始不断买入，股价持续走高，出现突破性的上涨局面，最后形成"3"。此时圆弧底雏形已经完成，如果细心的股民这时再去观察成交量的变化，就会发现其走势几乎与股价走势相同，也运行出了一个圆弧形态，此时可以正式确认圆弧底已经完成。

（4）当股价运行轨迹出现了三点后，就形成了圆弧顶，"1"与"3"之间的连线就成为该圆弧顶的"颈线"，即图中的"4"。

例如，海泰发展（股票代码：600082）在2015年1月至3月期间，股价走势形成了近似半圆的轨迹，即所谓的圆弧底形态（图4-8）。通常这种形态的出现都预示着后市将会出现比较大的涨幅。从图中可以看到，如果能在2015年2月25日，也就是股价回升至圆弧底的颈线位置时介入该股，后市就能吃到一波比较大的上涨行情。

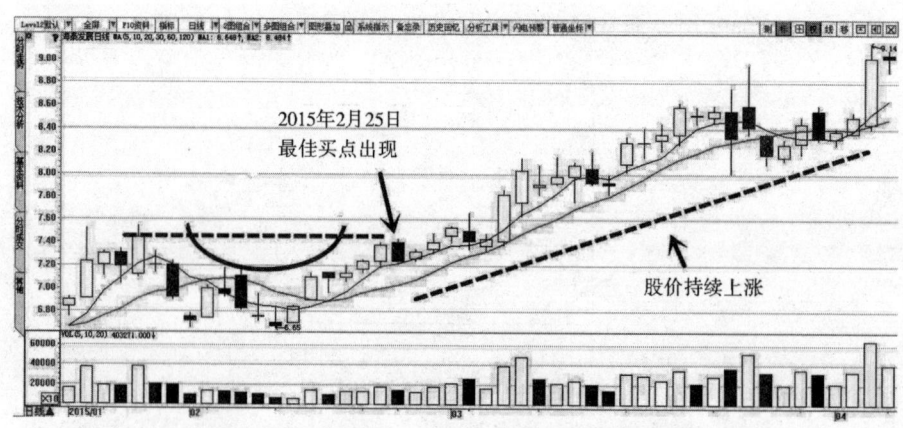

图4-8　2015年1月~4月海泰发展K线图

（三）圆弧顶与圆弧底的卖出、买入

（1）圆弧顶一般出现在股价上涨的末期，它的出现往往意味着后市会出现大幅下跌，股民朋友遇到这种形态应该选择及时卖出。

（2）对于股民朋友来说，遇到圆弧顶时最佳的卖出时机就是股价跌破其颈线之时。

（3）圆弧底形态一般出现在股价下跌的末期，它的出现往往意味着后市的趋势即将发生反转，由原来的跌势变为升势。

（4）股民朋友在发现一只股票出现圆弧底形态后，最佳的买入时机就是股价突破圆弧底颈线的时候。

三、头肩顶与头肩底

头肩顶与头肩底是股市中两种典型的反转形态。头肩顶通常会在牛市的尽头出现，它的出现预示着后市即将走弱，在实战中可以作为典型的卖出信号；而头肩底形态则向股民朋友传达出这样的信号：一段长时间的跌势即将发生转变，股价很快就会反转向上运行，是一个非常好的买进信号。

（一）头肩顶

头肩顶的形态呈现出三个比较明显的高峰，其中位于中间的一个高峰要比其他两个高峰略高（图4-9）。

牛市伊始，市场的投资热情比较高涨，形成了图中的高点"1"也就是头肩顶的"左肩"。随后经过小幅回落调整后，一部分错过上一波上涨行情的股民在调整期间买进，股价再次走高，并且越过上一次的高点，形

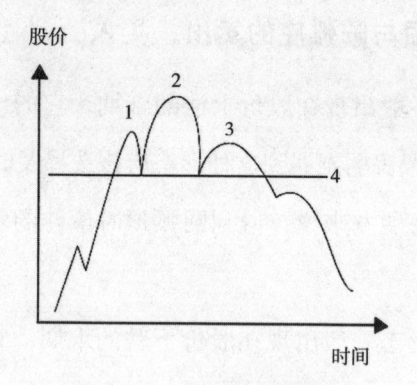

图 4-9 头肩顶示意图

成了高点"2",即头肩顶形态的"头"。虽然这时从走势上看,股市的表现比较乐观,但往往此时的成交量相比之前已经萎缩了很多,表明了买方的力量正在减弱。当一些对后市丧失信心和错过了上次高点获利回吐的人,或者是在回落低点买进的短线投机分子纷纷卖出时,就造成了股价的再次回落。

当一部分后知后觉的股民认为该股还有机会的时候,股价开始发生第三次上涨,但由于多方力量明显缺失,股价已经回升不到第二次高点的位置,于是形成高点"3",即头肩顶的"右肩",而此时的成交量下降,股市被悲观情绪所笼罩。在经过一轮下跌行情后,股价下跌幅度已经超过每次回落的幅度,也就是跌穿颈线,即图中的"4",此后迎接该股的将是一次大幅下跌。

例如,永新股份(股票代码:002014)在经过一段上涨后,出现了小幅的回落,随后再次上涨,当达到了历史新高点之后,由于多方力量耗尽,空方逐步发力,致使股价开始深度下跌,当至上次反弹位置时,又一次形成反弹行情(图 4-10)。从该股整体走势形态来看,已经形成了比较典型的"头肩顶"形态,如果股价跌破两肩低点形成的颈线,后市将会出现大幅下跌行情。从图中可以看到，在股价跌破"头肩顶"形态的颈线后，该股确实迎来了一次大幅下跌的行情。

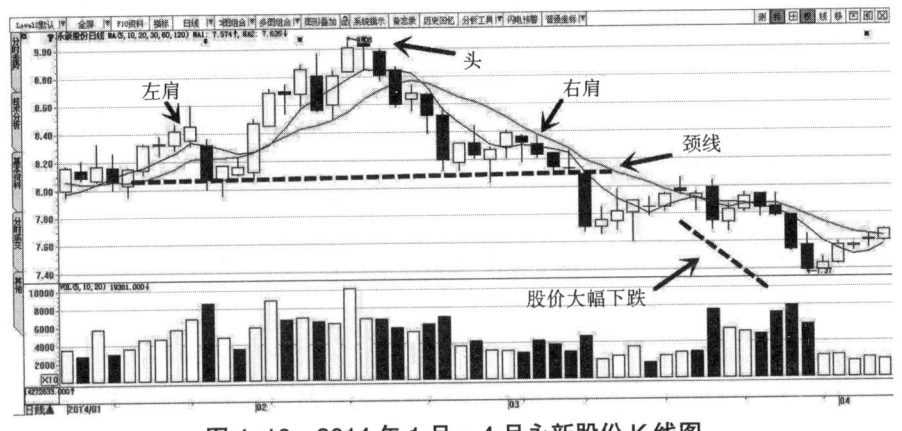

图4-10 2014年1月~4月永新股份K线图

头肩顶是一个长期性的反转形态，通常出现在牛市的尽头。当股价最近的一个高点比之前形成的高点高，但成交量反而降低的时候，就暗示了头肩顶出现的可能；当第三次股价无法回升至第二次形成的高位，并且成交量继续下降时，就应把握时机及时出逃；而当颈线被击破的时候，则是最后的卖出时机，虽然股价与高位相比已经有了一定的跌幅，但此时的跌势只是一个开始。

（二）头肩底

相对于头肩顶来说，头肩底代表着比较乐观的后市走势。头肩底形态又被称为"倒转头肩顶"，即头肩底可以看作是头肩顶的倒转模式（图4-11）。

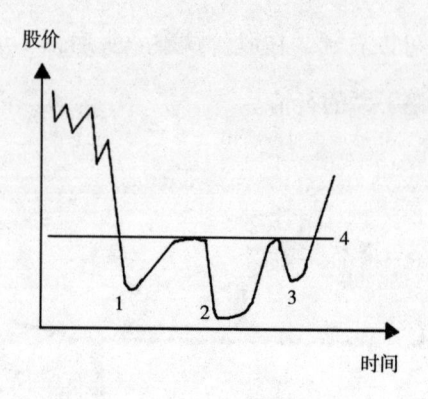

图 4-11 头肩底示意图

头肩底的具体形成过程如下：

（1）在经过一轮下跌行情后，多方奋力反抗，股价小幅回升，形成了第一次反转并构筑出了头肩顶的"左肩"，即图中的"1"，此时成交量相对增加。

（2）随后股价又一次下跌，并且跌破了上一次的最低点，成交量随着股价的下跌而再次正价，形成了最低点"2"，即头肩底的"头部"位置。

（3）当股价回升并且回到上一次的反弹高点，达到位置"3"，也就是头肩底的"右肩"位置时，成交量明显少于"左肩"和"头部"。

（4）当股价企稳后，开始迅速高走，并且伴随着成交量的放大，整个头肩底形态便宣告完成。

例如，白云机场（股票代码：600004）经过一段下跌后，于底部区域形成"头肩底"形态，预示着后市很可能出现较大的涨幅（图 4-12）。从图中可以看到，2015 年 2 月 10 日该股最低价仅为 10.24 元，但是当"头肩底"形态完成后，该股开始大幅上涨，至 2015 年 5 月 4 日其最高价已经达到了 16.00 元，期间涨幅为 56.25%。

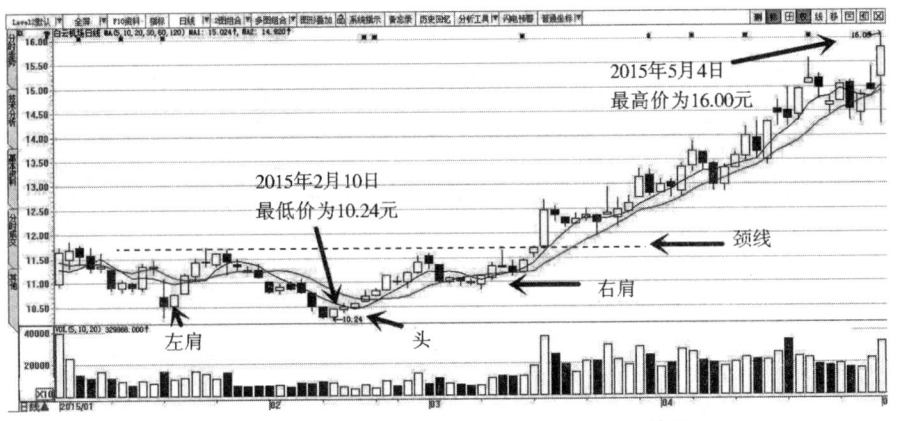

图4-12 2015年1月~4月白云机场K线图

头肩底的预测效力非常强,一旦该形态得到确认,升幅一般都会非常可观。也就是说,一旦头肩底形态确立,就表示股市的下跌行情已经终结,最低价已出现在其头部,即使股价再次下跌也被限定在一定的区域内,市场正在凝聚购买力和支持力。

(三)头肩顶与头肩底的卖出、买入

(1)头肩顶通常预示着后市会发生幅度较大的下跌行情,持有股票的股民如果遇到这种形态,就应该随时做好出逃的准备。

(2)头肩顶的最佳卖出时机是股价跌破其颈线的时候。

(3)头肩底的出现通常意味着后市上涨的可能性比较大,股民朋友如果发现了这种形态的股票,可以选择密切关注,做好买进的准备。

(4)头肩底最佳的买进时机是股价突破其颈线的时候,此时后市的涨幅都不会太小。

四、"V形"和"延伸V形"

"V形"与"延伸V形"是股市中比较常见的、后市反转力度非常强的反转形态，这两种形态的出现通常表示市场产生了剧烈的波动，在价格底部或者顶部区域只出现一次低点或者高点，随后就改变原来的运行趋势，股价发生剧烈的反向走势波动。

（一）"V形"

在股市中，"V形"走势主要反映了以下信息：

（1）在股市中，"V形"反转是一种非常强烈的上涨信号，一般出现在股价经过了一段长时间的下跌之后。

（2）空头在尽力发泄之后，出现了重大的利好消息，这时股价转而向上并且持续了比较长的时间，涨幅也比较大，因此会在图像上留下一个类似字母"V"的走势印记（图4-13）。

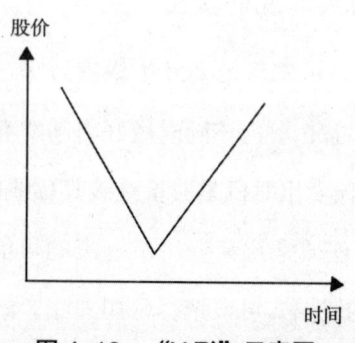

图4-13　"V形"示意图

（3）通常情况下，"V形"反转在出现之前，不会有明显的征兆，并且出现的速度非常快，甚至可以说是一种失控的态势。不过在该形态出现后，其持续力也非常强，后市所能达到的上升幅度也无法准确预测。一旦反转形态确认形成，将成为十分重要的买入信号。

例如，绿景控股❶（股票代码：000502）在经过了一段时间的深幅下跌后出现了"V形"反转走势（图4-14）。该股于2014年12月31日跌至相对最低点，股价最低仅为8.65元，随后突然转势上涨，并且是以连续收阳的"失控"态势持续大幅走高，至2015年2月26日，该股最高价格已经达到了13.77元，涨幅达59.19%，在K线图上留下了一个"V形"形态。

图4-14　2014年1月～2015年2月绿景控股K线图

"V形"反转一般都会为股民朋友带来十分可观的利润回报，那么应如何准确地把握"V形"反转，从而赢得回报呢？主要有以下两个技巧：

1. 量价配合

一般情况下，当"V形"反转将要形成的时候，成交量会明显放大，尤其是在转向之前。

2. 涨跌幅度

股价在较短时间内出现的跌幅越大、力道越强，则出现"V形"反转的可能性也就越大，如果出现了涨幅超过5%的大阳线，那么就可以当作很好的辅助证明。

---

❶ 绿景控股于2021年5月6日起更名为*ST绿景。

（二）"延伸V形"

事实上，"延伸V形"走势是"V形"走势的一种衍生体。在形成"V形"走势的过程中，其下跌转向上涨的阶段出现了变异，股价并没有直接转向走高，而是经历了一段横向运行。随后，股价打破横向运行的僵局，继续完成"V形"走势的后市发展形态（图4-15）。

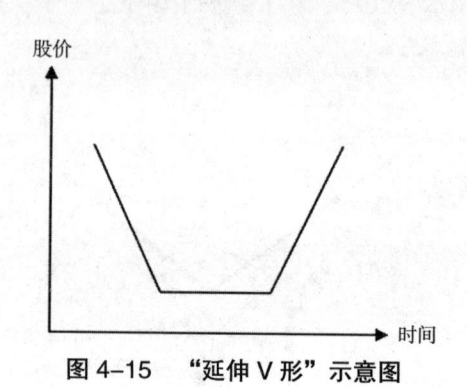

图4-15 "延伸V形"示意图

"延伸V形"走势在上升或者下跌的过程中，会出现一段时间的横向走势，主要是因为大部分的持股股民开始对这种形态的形成失去信心缺失，但是这种低迷情绪被消除后，股价就会继续完成余下的"V形"走势。

例如，天泽信息（股票代码：300209）在经过一段时间的大幅下跌后，于底部开始横盘整理，股价虽然有小幅波动，但是整体走势倾向于横盘态势，说明在股价大幅下跌后，即使抱有看多心态的股民对后市也不是十分有信心，在2015年1月6日，该股最低价为15.68元。不过这样的情况没有维持多久，该股便一鼓作气开始大幅攀升，到2015年3月10日最高价已经达到23.09元，涨幅达47.26%，同时在图像上留下了"延伸V形"的痕迹（图4-16）。

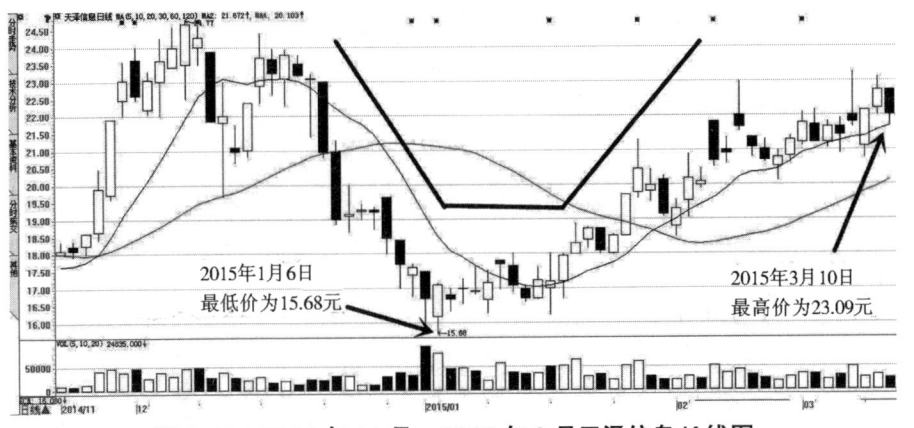

图 4-16　2014 年 11 月～2015 年 3 月天泽信息 K 线图

（三）强烈的转势信号

"V 形"与"延伸 V 形"都是非常强烈的转势信号，它们形成的速度非常快，往往后市的上涨潜力也比较大。需要注意的是，在发生趋势转变，也就是两者转折形态开始的时候，都必须要有成交量放大的配合，如果没有成交量的配合，则不能被确认为"V 形"或是"延伸 V 形"，后市走势仍有待观察。

五、底部岛形反转和顶部岛形反转

在股市中，岛形反转是技术分析图形中一个比较重要的反转形态。一般这种形态出现之后，股票的走势往往会出现反向运行的走势，也就是说，股民朋友在股市实际投资中遇到了这种形态，就要及时地作出买进或者卖出的决定。岛形反转分为"顶部岛形反转"和"底部岛形反转"。"顶部岛形反转"一般意味着上涨趋势的结束，下跌趋势的开始；"底部岛形反转"

一般意味着下跌趋势的结束，上涨趋势的开始。

（一）底部岛形反转

"底部岛形反转"的具体形成过程如下：

（1）股价在经过一段时间的下跌后，突然在某一日跳空低开留下了一个下调的缺口，随后的几天股价持续走低。

（2）当股价下跌至某一个低点位置的时候，突然峰回路转，开始走高，并且在形成向上跳空后高速上升，这个向上跳空缺口与之前下跌跳空的缺口基本处于一个价格水平，是低位争持的区域。反映在K线图上，像是一个远离海岸的孤岛，这就是所谓的"底部岛形反转"形态（图4-17）。

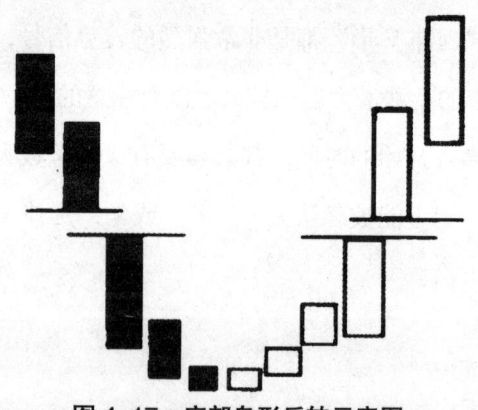

图4-17 底部岛形反转示意图

例如，青松股份（股票代码：300132）在下跌的过程中形成了下跌跳空缺口，随后便于2014年7月24日触及低点6.05元的位置。在触底后，该股开始小幅上涨，并且在回升至前一次跳空缺口的位置时形成向上跳空缺口，最终构筑出底部岛形形态（图4-18）。当底部岛形确认形成后，该股开始大幅上涨，至2014年9月15日，最高价已经触及9.48元，与之前的低点相比，涨幅达56.69%。

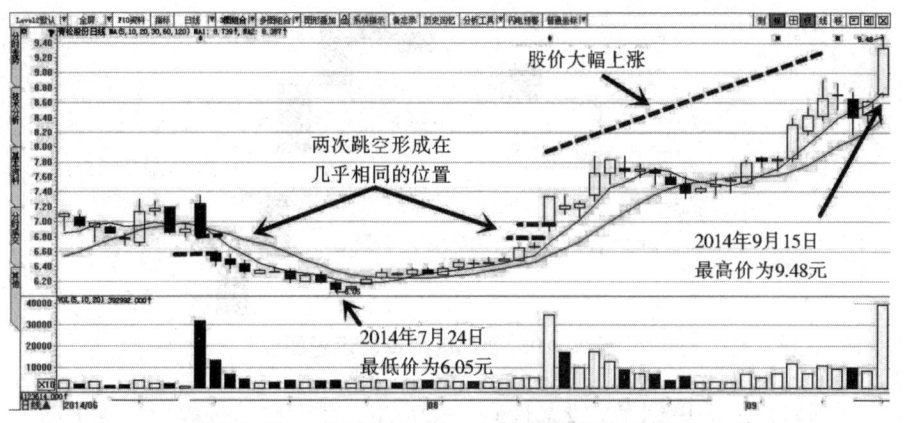

图4-18　2014年6月～9月青松股份K线图

通常"底部岛形反转"形成的时候都会伴随着巨大的成交量。如果成交量很小的话，那么这个"底部岛形反转"形态就很难被确认。"底部岛形反转"的形成一般都表明股价已经见底回升，即将从下跌趋势转变为上涨趋势。

"底部岛形反转"的形成并不会非常顺利，多空双方会有一段激烈搏斗的过程，但是总体形势有利于多方。

（二）顶部岛形反转

"顶部岛形反转"的具体形成过程如下：

（1）当股价在经过了一段时间的上涨趋势后，突然在某一天出现跳空缺口并且迅速上升，随后股价自高位徘徊。

（2）在经过短暂横盘后，股价又形成向下跳空的缺口加速下跌，而这个下跌缺口和向上跳空缺口基本处于同一个价格区域，使高位争持的区域在K线图上看上去就像一个远离海岸的孤岛，这就是所谓的"顶部岛形反转"形态（图4-19）。一般来说，"顶部岛形反转"通常出现在长期或者中期性趋势的顶部，表示现有趋势即将发生反向转变。

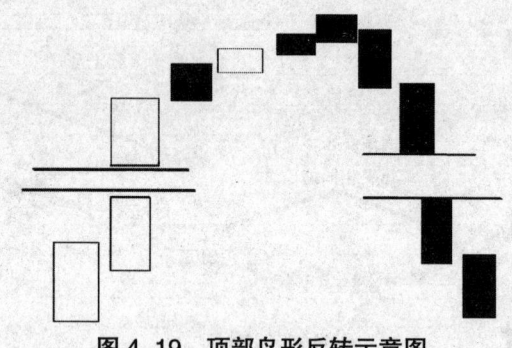

图 4-19　顶部岛形反转示意图

例如，中瑞思创[1]（股票代码：300078）在上涨的过程中形成了向上跳空缺口，并于 2014 年 2 月 19 日涨至 33.41 元。随后该股先是在高位横盘整理，随后开始深幅下跌，并在几乎与向上跳空缺口相同的位置形成了向下跳空缺口，使得该股在顶部位置构建出了顶部岛形形态（图 4-20）。如果股民朋友此时没有观察出这种典型的反转形态，就无法规避后市高达 37.89% 的大幅下跌行情。

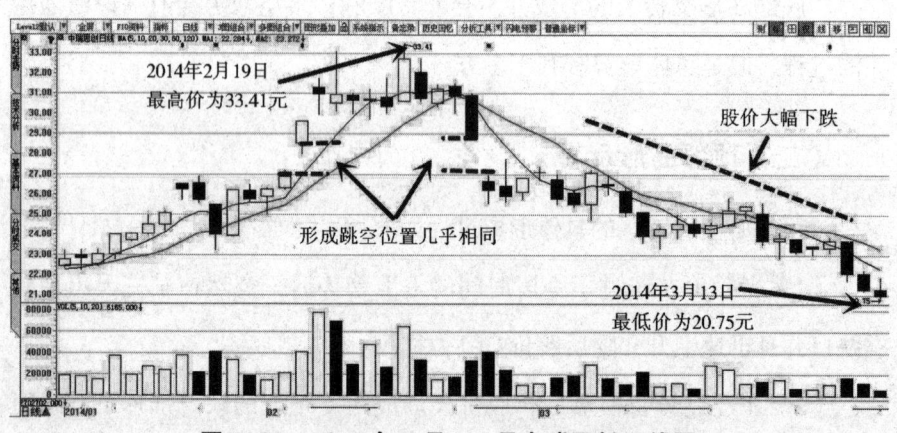

图 4-20　2014 年 1 月~4 月中瑞思创 K 线图

"顶部岛形反转"一经确认，即表明最近的股价走势将会开始恶化，这时持有该股的股民朋友最好选择及时出逃，继续持有只会蒙受更大

---

[1] 中瑞思创于 2015 年 9 月更名为思创医惠。

的损失；而没有持股的股民此时最好不要选择介入，即使中途发生了反弹行情也尽量不要干预。此时最佳的选择就是去寻找其他具有潜力的股票。

（三）"岛形反转"注意事项

（1）"底部岛形反转"的形成意味着股价已经开始见底回升，股票的走势将会从跌势变为升势。对于股民朋友来说，最佳的买入位置为形成"底部岛形反转"后向上跳空缺口的上方，保守一点也可以选择在股价高速上涨并回探向上跳空缺口获得支撑后买进。

（2）需要注意的是，"底部岛形反转"是否成立，必须要参考成交量是否放大，如果成交量没有放大，那么就不能证明其已经成立。

（3）"顶部岛形反转"一旦确认成立，说明最近趋势转向弱势已成为定局，股民朋友要及时卖出，避免更大的损失。

六、三重形态

三重形态是头肩形态的一种变形体，是用来判断股市未来走势的技术形态，也是较为明确的买卖点信号。这种形态由三个一样高的顶峰或三个一样低的低谷组成，好像三座齐平的山峰或三座倒立着齐平的山峰。因此三重形态又分为三重顶和三重底两种形态（图4-21，图4-22）。

三重形态虽然是一种重要的买卖点信号，却并不为大多数股民所熟知，因此在这里将三重形态单独提出。三重形态的最佳买卖点都是以股价跌破

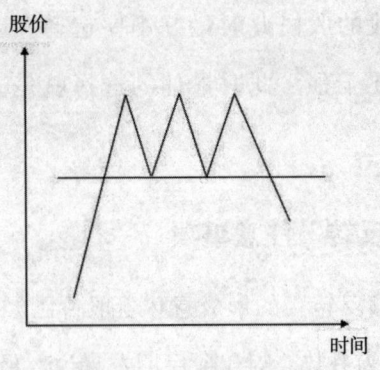

图 4-21　三重顶示意图

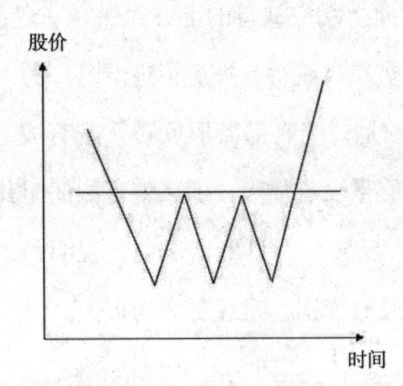

图 4-22　三重底示意图

或突破颈线为准，但是由于股价的变动并不明显，导致新股民朋友操作起来比较困难。

三重形态与头肩形态的相似度很高，但也有一定的区别。三重形态的头部价位与肩部价位相差不多，有时肩部可能会高于头部；而头肩形态的头部价位一般都要高于肩部价位。

（一）三重顶形态的特点

三重顶形态的特点如下：

（1）股票价格经过一段时间上涨到一定的高度。

（2）左右"山峰"大致处于同一高度，中部"山峰"也基本处于同一高度，有时左右"山峰"要比中部"山峰"高一些。

（3）当股票价格跌破颈部价位时表示股票即将迎来下跌趋势，出现卖点。

（4）寻找头肩顶形态的方法也基本适用于寻找三重顶形态。

例如，2014年1月~4月这段时间里，汇川技术（股票代码：300124）就形成了三重顶形态，随后股价便开始大幅下跌。3月18日，该股最高价为39.82元，受到三重顶的冲击。截至5月12日，该股股价最低已经下跌至25.24元，期间跌幅达36.61%。对于新股民朋友来说，当股价跌破三重顶颈线的时候就是最佳的卖出时机，如果此时没有卖出持股，就要面临巨大的损失（图4-23）。

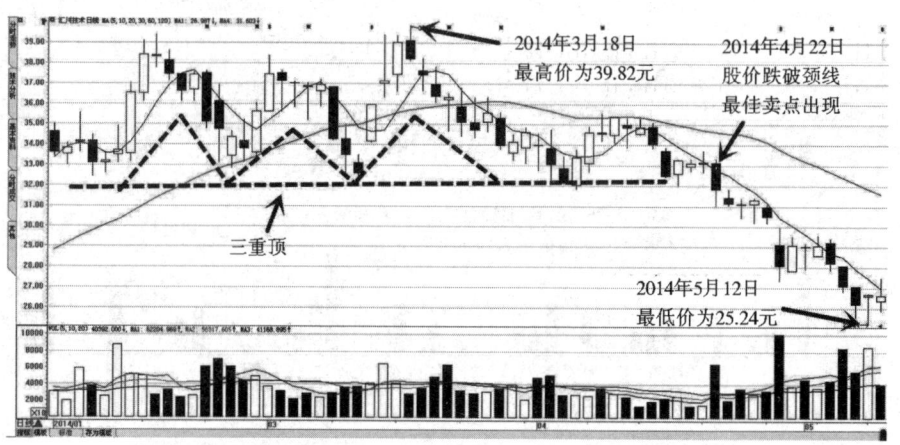

图4-23 2014年1月~5月汇川技术日K线图

（二）三重底形态的特点

三重底形态的特点如下：

（1）股价经过一段时间的下跌，到了较低的位置。

（2）左右"低谷"基本处于同一高度，中间"低谷"也基本处于同一高度，有时左右"低谷"要比中间"低谷"低一些。

（3）当股价突破颈部价位时表示股票即将迎来上涨趋势，出现买点。

（4）寻找头肩底形态的方法也基本适用于寻找三重底。

例如，滨海能源（股票代码：000695）在2015年3月至5月中旬，形成了三重底形态，随后股价持续上涨，4月8日该股最低价仅为19.90元，截至5月28日最高价已经上涨至29.90元，期间涨幅达50.25%。对于新股民朋友来说，当股价向上突破颈线的时候，就是最佳的买进时机，如果此时新股民朋友能够及时买进该股，就能坐享一段上涨行情（图4-24）。

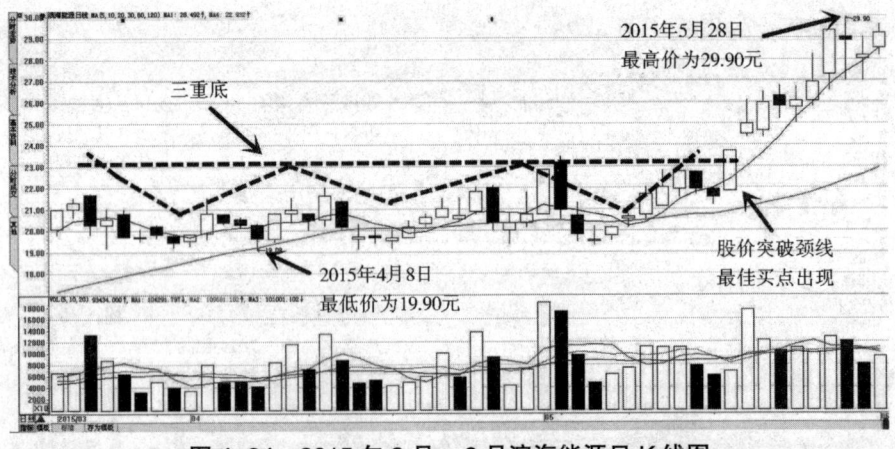

图4-24　2015年3月～6月滨海能源日K线图

一般来说，三重底的预测准确性并没有头肩底好。因此，新股民朋友在利用三重底来研判买进时机的时候，需要结合其他数据进行综合性分析。

七、复合头肩形

"复合头肩形"属于"头肩顶(底)"的衍生走势形态,其具体形状与头肩顶(底)非常相似,但是头肩顶(底)的"头"和"双肩"只出现一次,而复合头肩形的"头"和"双肩"出现的次数大于一次。

具体来说,复合头肩形可以分为以下几种:

(一)"一头双肩"形

所谓"一头双肩"形指的是在一个头的基础上,两边各有两个大小几乎相同的左肩和右肩,并且左右双肩的顶点在同一水平线上。"一头双肩顶"在形成第一个右肩的时候,股价并不会跌破颈线,反而再次回升至上一个高点之下的位置,随后再次下跌,并且跌破颈线,最终完成"一头双肩顶"形态。"一头双肩底"则是在形成第一个右肩后,股价在颈线附近的位置转向回落,并止跌于第一个右肩所创造的低点之上,随后便企稳回升,一举突破颈线,最终完成"一头双肩底"形态(图4-25,图4-26)。

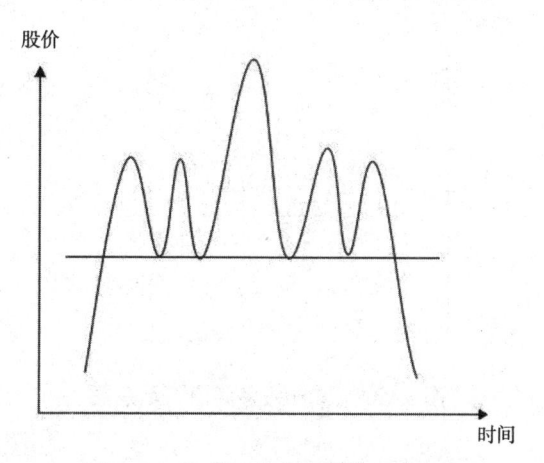

图4-25 "一头双肩顶"示意图

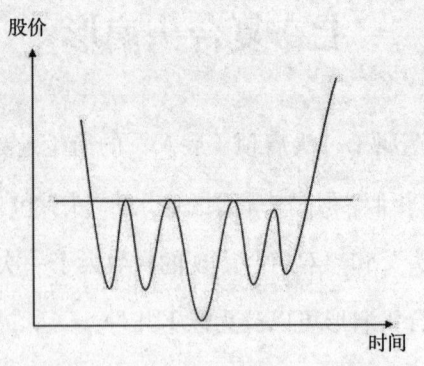

图 4-26 "一头双肩底"示意图

（二）"一头多肩"形

"一头多肩"形是指股价走势形成一个头部和两个以上的双肩。一般来说，头肩式具有一定的对称性质，因此"一头多肩"形成的左半部分和右半部分几乎完全相等，但是两半部分的成交量会略有不同。通常来讲，"一头多肩顶"的右半部分整体成交量小于左半部分才具有较高的参考价值，而"一头多肩底"则是右半部分整体成交量大于左半部分才具有较高的参考价值（图 4-27，图 4-28）。

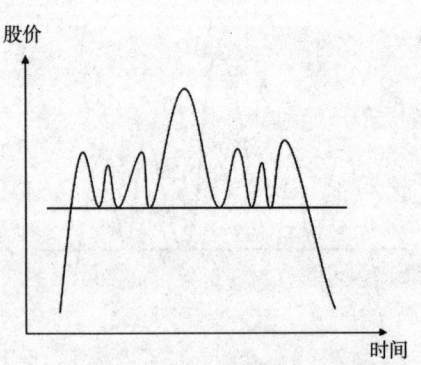

图 4-27 "一头多肩顶"示意图

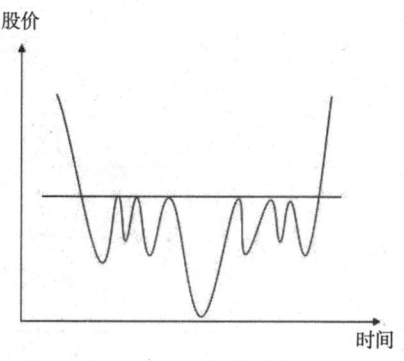

图4-28 "一头多肩底"示意图

（三）"多头多肩"形

"多头多肩"形指的是在形成"头部"的时候，股价不断上涨，并且上涨至与上次高点或低点几乎相同的位置时，才开始回落或者回升，最终形成两个比较明显的"头部"。因此，该形态也经常被叫作"两头两肩"形。新股民朋友需要注意的是，该形态具有参考价值有一个非常重要的前提，这个前提就是：在形成第二个"头部"的时候，成交量一定要比前一个"头部"的成交量小（图4-29，图4-30）。

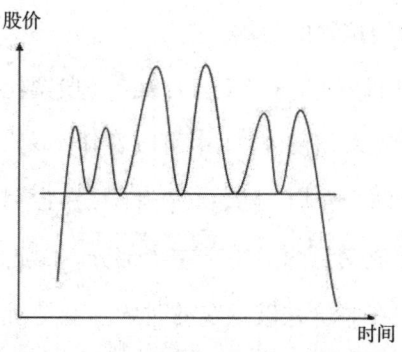

图4-29 "多头多肩顶"示意图

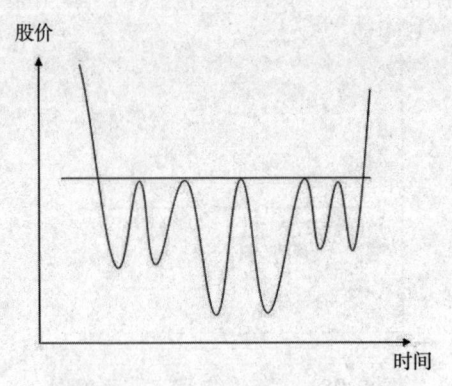

图 4-30 "多头多肩底"示意图

从技术分析层面上来讲，"复合头肩"形的实际意义与"头肩顶（底）"的意义相同，即当"复合头肩顶"出现的时候，往往后市会出现持续时间比较长的上涨行情；而当"复合头肩底"出现的时候，后市一般出现一波较大的下跌行情。

在"复合头肩"形刚刚形成的时候，由于此时的成交量变化并不是十分规则，很难预测出它的形态发展究竟是怎么样的，但是只要新股民朋友能够静下心来，细心观察，就能发现它和"头肩顶（底）"的走向趋势完全一样。因此，对于新股民朋友来说，最好的买进或者卖出时机，就是在股价突破或者跌破颈线位置的时候。

例如，2014年7月~12月，上海佳豪❶（股票代码：300008）就形成了"一头多肩顶"形态。从图4-31中可以看到，该股在2014年7月至10月这段时间里形成了两个左肩，随后又在11月~12月，形成了两个右肩，并且形成右半部分的成交量明显少于左半部分。因此，可以确认该形态可信度比较高，可以说在股价跌破颈线的时候，就是新股民朋友卖出的最佳时机。2014年10月13日，该股最高价为18.25元；到了2015年1月5日，

---

❶ 上海佳豪于2016年5月25日起更名为天海防务。

该股最低价已经下跌至 11.39 元，跌幅达 37.59%。也就是说，如果新股民朋友没有择机卖出持股，就会蒙受巨大的损失。

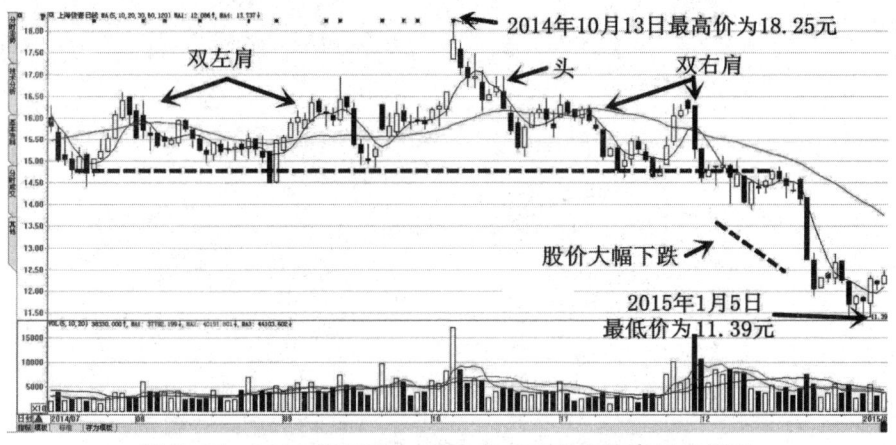

图 4-31　2014 年 7 月～2015 年 1 月上海佳豪日 K 线图

新股民朋友需要注意，不要因为"复合头肩"形有多个"头"或者"肩"就认为其预测威力要比单一的"头肩顶（底）"的预测威力大。事实上，"复合头肩"形的预测威力相对较小，这是由于多次"肩部"或者"头部"的形成会使一部分股民无法准确地判断出后市的走向趋势，因此这类股民极容易在此形态形成的过程中提前退场。因此，新股民朋友在遇到这种"复合头肩"形态的时候一定要提高警惕。

八、菱形

所谓的"菱形"反转形态，指的是股价在经过一段时间的上涨后，出现了回落调整，但持续的时间比较短。随后便再次上涨，如此反复，形成的高点一次比一次高。但当第三次回升的时候，股价却不能再次创造新高点。随后股价创造的高点一次比一次低，但是回落形成的低点却一次比一次高，并且股价的波动从不断向外扩散的态势转变为不断向内收缩，这就是"菱形"形态（图4-32）。

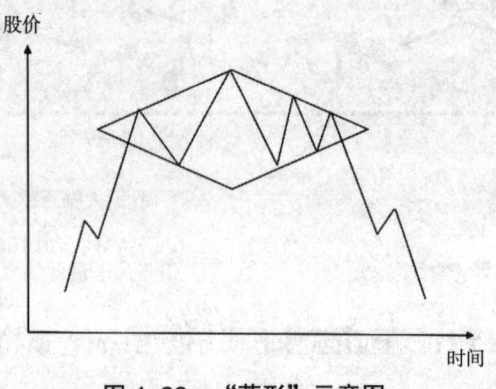

图 4-32 "菱形"示意图

（一）"菱形"形态的作用

在股市中，"菱形"形态具有如下作用：

1. 预测出后市的走向趋势

"菱形"是一种十分明显的顶部形态，在该形态出现后，后市往往会出现比较大的下跌行情。由于"菱形"的右半部分更接近于整理形态中的"收敛三角形"。因此，从整体走势上来看，"菱形"的下跌过程具有一定的延时性。虽然不会突然出现暴跌行情，但是结合之前的走势，"菱形"的出现终究还是预示着后市下跌行情的出现。所以，新股民朋友在实际的投资过程中，一旦遇到"菱形"走势，一定要在该形态确认之后，及时卖出手中持股，甚至是提前卖出持股，否则陷入了后市的下跌行情，一定会让新股民朋友追悔莫及。

例如，2014年9月至12月，福星晓程❶（股票代码：300139）就形成了"菱形"形态，此后，该股股价便开始大幅下跌。2014年11月10日，该股最高价为28.36元；而到了2015年1月6日，该股最低价至15.70元，期间跌幅达44.64%。如果新股民朋友没有在"菱形"形成的时候卖出持股，就会受到后市下跌行情的影响，承受巨大的损失（图4-33）。

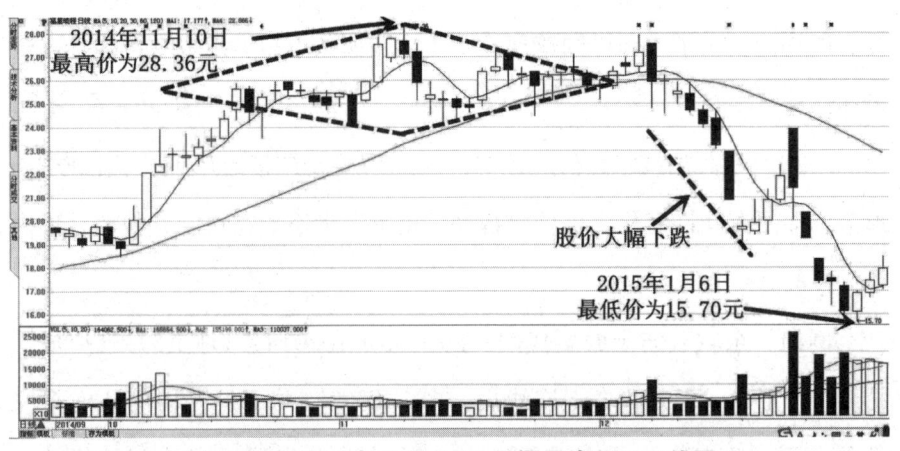

图4-33　2014年9月~12月福星晓程日K线图

2.估测股价下跌的深度

除了能够预测出后市的走向趋势，"菱形"形态还能估测出股价下跌的深度。在"菱形"形成的过程中，成交量会随着股价的变化而变化，开始的时候，股价在不断上涨，并且每次形成的高点都比前一个要高，成交量也随之放大。当股价上涨至最高位，开始回落，并且形成的高点都比前一次低，成交量也不断萎缩。鉴于这种量价配合关系，通过"菱形"就可以大致推测出后市下跌深度大约是多少，其具体方式为：将菱形最宽处设定为标准值，后市下跌的深度从股价突破边界线算起，至少会下跌一个标准值。

---

❶ 福星晓程于2015年11月更名为晓程科技。

（二）判定"菱形"形态的注意事项

新股民朋友在实际的投资过程中，想要判断一段行情走势是不是"菱形"形态时，需要注意以下几点：

（1）"菱形"两条上边界线的焦点可能并不是正好在一个高点相交。左、右两边的直线由各自的两个点画出，两条直线究竟在什么位置相交就没有严格的要求了。同样的道理，"菱形"两条下边界线也有可能会出现上述情况。

（2）在实际的技术分析过程中，"菱形"不是严格的几何意义上的"菱形"，即便有些许变化，也可以视为"菱形"形态，这点同其他反转形态是一样的。

例如，东软载波（股票代码：300183）在2014年1月至3月就形成了"菱形"形态，但是将各点连线后，其"菱形"并不是严格的几何意义上的菱形。即便如此，该股形态依旧准确预测出了后市的下跌行情。如果新股民朋友刻意追求完美的几何形态，就很可能会因此付出惨痛的代价（图4-34）。

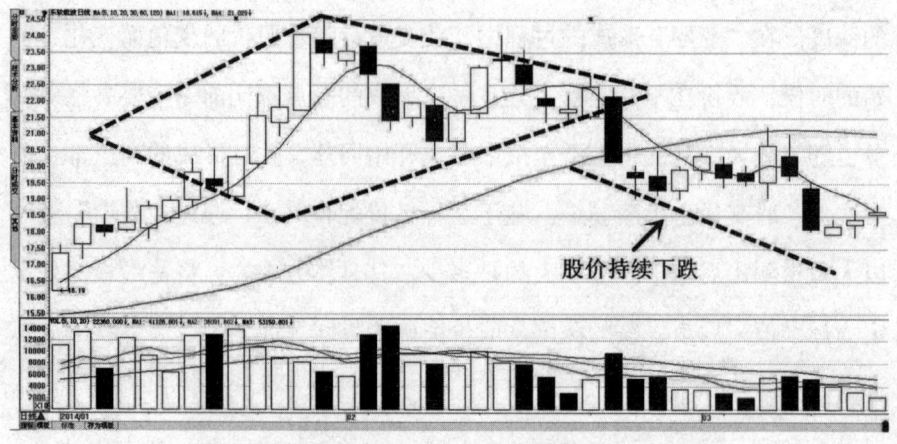

图4-34　2014年1月~3月东软载波日K线图

（3）"菱形"不仅可以作为顶部形态，也可以作为一种持续性形态。也就是说，即便"菱形"不是出现在顶部，而是出现在下跌的过程中，依旧可以认为后市下跌行情还将持续下去。

第五章 ◉ 如何利用移动平均线分析K线

在K线众多的分析方法中，利用移动平均线对K线进行分析既简单又实用，表达出的市场意义也容易被股民朋友理解。通过分析一只股票在过去一段时间内移动平均线的变化，可得出平均股价和平均市场成本。对于真正了解并熟练运用移动平均线的股民朋友来说，实现在股市中盈利并不是梦。

一、5日均线

短期均线是指时间周期较短的移动平均线,一般有5日均线、10日均线、20日均线等。其中,5日均线最常见也最具有代表性,因此本节以5日均线为例进行讲解。

5日均线是最近5个交易日内个股收盘价的平均价格,其对大盘中股价变化有立竿见影之效;跌穿,持股者恐慌抛盘,股价继续下挫;上穿,适合入场,股价有望继续上扬。所以,5日均线常被称为多方的护盘中枢。

(一)股价上穿5日均线

如图5-1所示在大盘中5日内买入该股的股民均已获利,股价呈现出上升趋势。若在短期内股价未跌穿至5日均线之下,说明其上穿有效,股价将继续上涨;若股价跌穿5日均线,说明其上穿无效,此时不要急于入场,以免给自己造成不必要的损失。

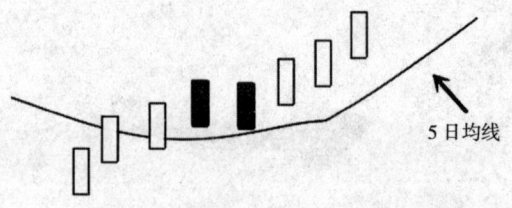

图5-1 股价上穿5日均线示意图

例如,国海证券(股票代码:000750)在经历了一段下跌行情后,到达了一个相对较低的位置。在随后的一段小幅上涨之后,该股股价上穿5日均线并形成有效突破,出现最佳入场时机,随后股价一路上扬。如果在确认股价有效突破时买入，结果不言而喻，股民朋友会在这一波行情中获取相当可观的回报（图5-2）。

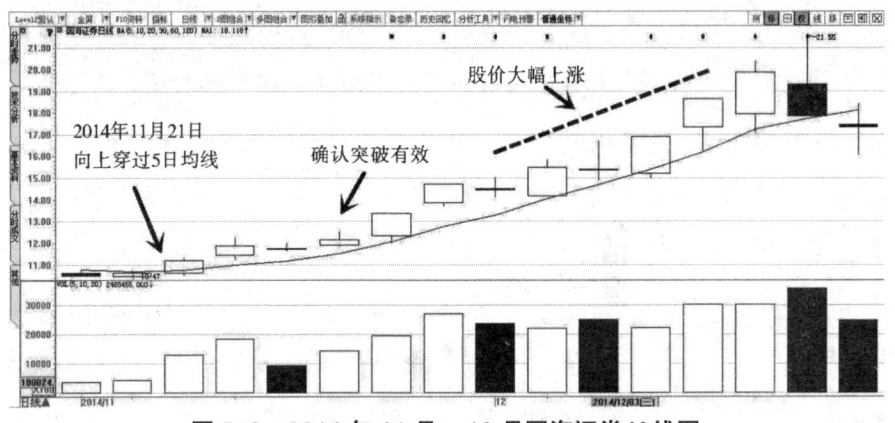

图5-2　2014年11月~12月国海证券K线图

（二）股价下穿5日均线

股价下穿5日均线可以说是获利盘打压的结果，也可以看作是空方发力的一种结果（图5-3）。股市中没有真正意义上的多方和空方，二者是可以相互转换的，买入方是为多方，卖出方是为空方。至于股价到何种高度时会受到打压，多由主力的动向决定，主力确认卖出，则股价下跌。

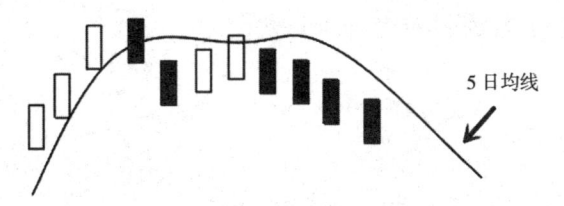

图5-3　股价下穿5日均线示意图

投资者首要确认跌穿是否有效，跌穿后未再次上涨至5日均线视为有效跌穿。此时股价想要再次穿越5日均线，往往会受到相当大的阻力。投资者有理由相信这是一个非常好的出场信号。

例如，三木集团（股票代码：000632）在运行了一段时间后，在2014

年 12 月 9 日出现了一根强有力的大阴线，并跌穿 5 日均线。在以后的多空较量中，空方依然实力强劲，将多方势力斩于马下（图 5-4）。2014 年 12 月 11 日，股价下穿 5 日均线的趋势得到确认，随即 5 日均线成为有效阻力线。如果股民朋友判断出有效跌穿并及时卖出手中的股票，在随后一波下跌行情中就可避免损失。

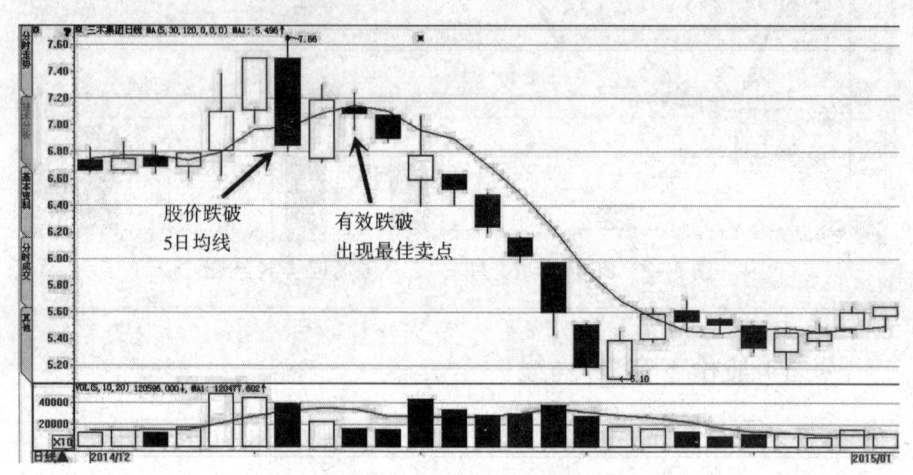

图 5-4　2014 年 12 月三木集团 K 线图

在上涨阶段，当股价上穿 5 日均线时，可以买入；在下跌阶段，当股价跌穿 5 日均线时，应考虑卖出。无论买入或是卖出，股民朋友都应做到心中有数，不要盲目操作，而要审时度势。

二、30 日均线

中期均线包括 30 日均线、60 日均线、80 日均线等。其中，30 日均线的重要性尤为突出。在股市中，大盘和个股走势多体现于 30 日均线。

众所周知，均线周期越长，其所表达的股价变化趋势可信度就越高。

30日均线特点鲜明，无论股价是处在上升趋势，还是处在下降趋势，趋势一旦形成，一般很难被改变，其趋势的稳定性相较5日均线更胜一筹。当一轮中期的下跌行情向上突破30日均线后，通常都会带来一轮中级上涨行情；当一轮中期的上涨行情向下突破30日均线后，往往会带来一轮中级下跌行情。

30日均线对于股民朋友来说，无论是为了规避损失，还是为了扩大获利空间，都是一个非常有意义的参考指标。

（一）股价上穿30日均线（图5-5）

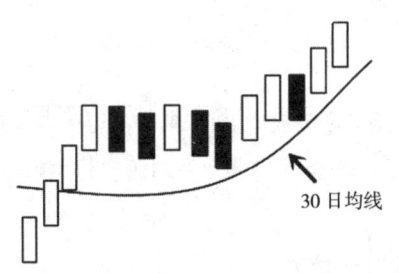

图5-5　股价上穿30日均线示意图

如何判断股价上穿30日均线是否有效？首先，股价在向上突破30日均线的时候，必须有成交量的配合；其次，突破后，股价会进行回抽确认，但回抽时股价不应再跌至30日均线之下；最后，股价在进行回抽时，其成交量必须有所萎缩，至少要比突破时低。

股价向上突破30日均线是一种非常强烈的买入信号，但不管是在突破当日买入，还是在回抽时买入，如果发现个人判断与股价走向相反，股价再创新低，必须及时止损出局，减小损失，因为这种现象极有可能是下跌途中的一次中级反弹，真正的下跌趋势还没有结束。

例如，英力特（股票代码：000635）在经历了一段时间的潜水后，其股价在2015年2月17日上穿30日均线，随后几日股价虽有回落但未能跌穿 30 日均线。至 2015 年 2 月 26 日，股价依然坚挺地在 30 日均线之上前行，因此可以确认突破有效，随后股价一路上升，至 2015 年 4 月 27 日，每股高达 16.10 元（图 5-6）。如果股民朋友在确认有效突破后及时买入，绝对会大赚一笔。

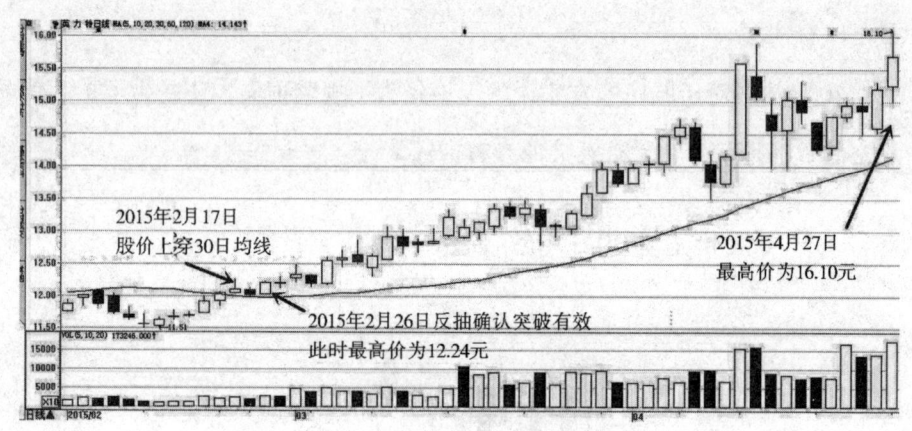

图 5-6　2015 年 2 月~4 月英力特示意图

（二）股价下穿30日均线

股价向下跌穿 30 日均线后，无论是否反抽，其股价最终都会位于 30 日均线之下（图 5-7）。股价在一个下跌的大趋势中，跌穿 30 日均线后长期运行在 30 日均线之下，又突然在某一交易日向上突破了 30 日均线，这意味着股价见底的可能性很大，建议股民朋友不要对其在短时间内大规模回暖抱有希望。

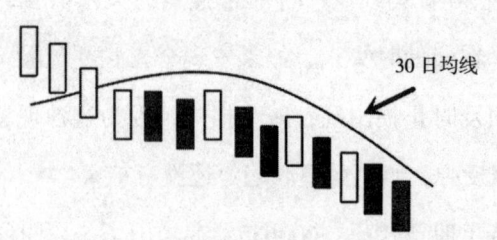

图 5-7　股价下穿 30 日均线示意图

例如，华东科技❶（股票代码：000727）在 2014 年 12 月 29 日向下跌破 30 日均线，此时该股最高价为 8.30 元。虽然在后续行情中多方给予回击，但略显乏力，收盘价格依旧处于 30 日均线下方。在经历了将近半个月的下跌行情后，该股于 2015 年 1 月 13 日下跌至 7.17 元（图 5-8）。在下跌有效的行情出现后，股民应果断离场，避免亏损。

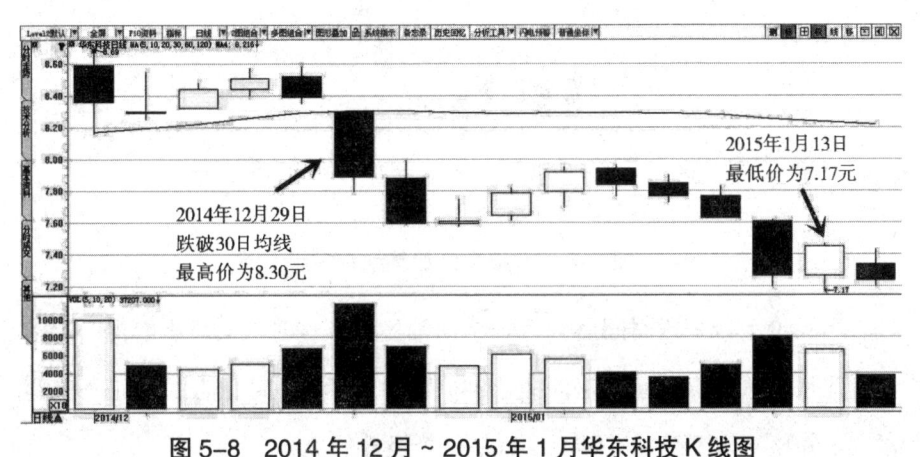

图 5-8　2014 年 12 月～2015 年 1 月华东科技 K 线图

三、120 日均线

长期均线是指在较长的一段时间区域运动的移动平均线，常用有 120 日均线、240 日均线两种，其中 120 日均线的实用性比 240 日均线更强。虽然 120 日均线的时间周期长达 6 个月，令人感到其周期过于漫长，但事实证明，120 日均线是一个非常重要的参考依据。

---

❶ 华东科技于 2021 年 5 月更名为冠捷科技。

（一）股价上穿120日均线

由于受到较长时间的横盘折磨，许多股民都急于出手，导致底部筹码被主力吸收，使主力有足够的实力操控股价上升。这就是为什么当股价在120日均线下长期运行一段时间后，股票会不断上涨的原因（图5-9）。

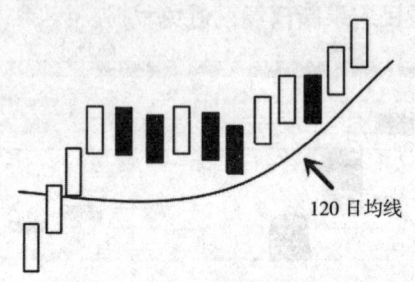

图5-9　上穿120日均线示意图

当股价上行一段时间后会有一个回抽过程，这时被横盘折磨得心碎的股民往往会选择套现结束这段痛苦的旅程，而场外观望的股民更是一头雾水，不知该不该下手。实际上，这是一个极佳的机会。

例如，新能泰山（股票代码：000720）在2014年4月至7月一直在120日均线下方潜水。随后该股突然突破120日均线，但是在第二个交易日的争夺中，一根大阴线的出现犹如空方亮出的一记重拳，所幸多方力量扛住了空方的打击，使股价没有跌穿120日均线。2014年7月15日，多方势力骤然发力，一根大阳线确定股价突破120日均线有效，此时股价只有2.56元（图5-10）。随后在主力操纵下，股价开始震荡运行，主力利用心理战开始强行抢购持股不坚定股民手中的筹码。当主力积攒了足够的力量后，随即亮出重拳，强力拉升股价。至2014年9月23日，股价已攀升至5.63元。将近120%的涨幅，让作出正确选择的股民朋友们心里乐开了花。

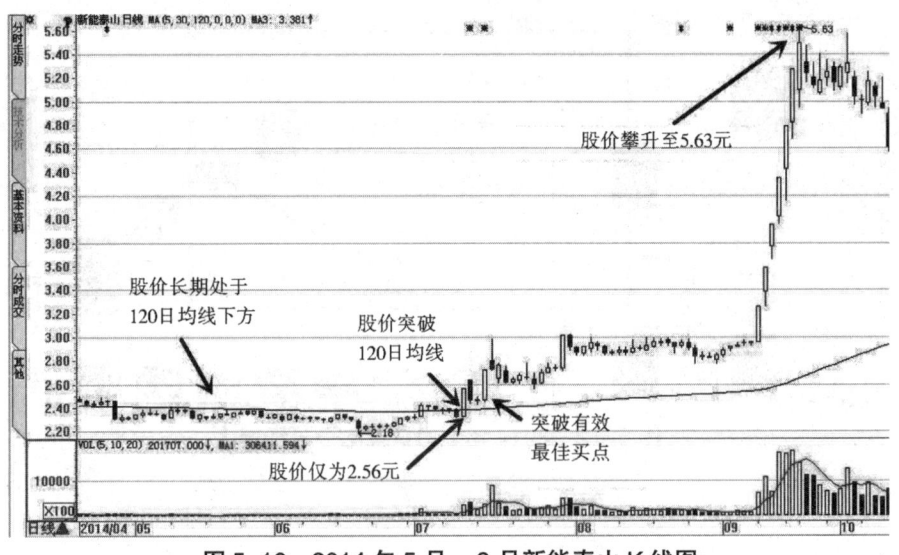

图 5-10　2014 年 5 月～9 月新能泰山 K 线图

（二）股价假突破120日均线

个股在 120 日均线以下运行一段时间后，又在某一交易日毫无征兆地上涨突破 120 日均线，但在其突破后并未及时回抽，而是直接跌穿 120 日均线。股民朋友们在此时应迅速离场，在场外观望后市发展（图 5-11）。

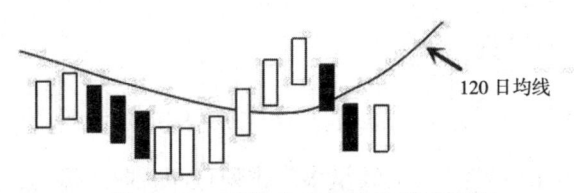

图 5-11　假突破 120 日均线示意图

例如，铜峰电子（股票代码：600237）在 120 日均线下方运行了一段时间后，出现一波小幅反弹行情，并成功于 2014 年 12 月 12 日突破 120 日均线。但是，过了两个交易日后收出的大阴线却直接宣告突破失败，如果股民朋友因为这次突破急于入场，将深陷下跌行情之中（图 5-12）。

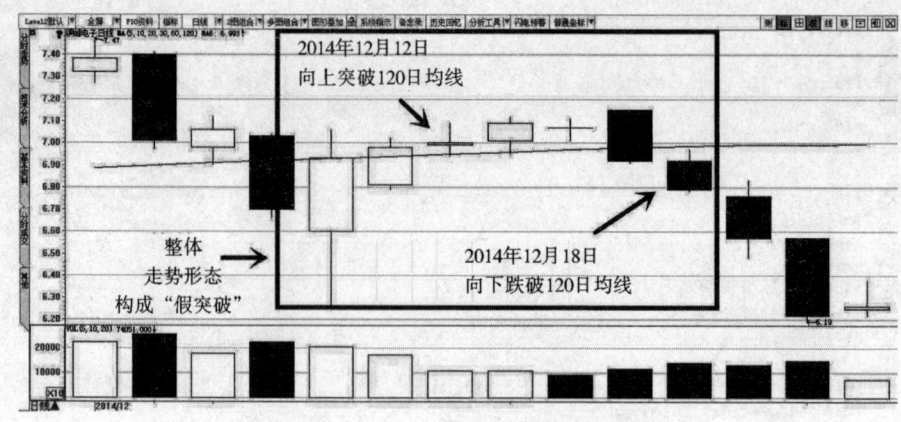

图 5-12　2014 年 2 月铜峰电子 K 线图

四、不可不知的均线分布形态

均线分布形态在股市中应用非常广泛，并且根据均线分布形态所预测出的股市后市行情可信度也比较高。下面我们就来具体讲解股市中移动平均线的各种分布形态。

（一）多头排列

多头排列的特点是短期均线处于最上方，中期均线居中，长期均线处于最下方（图 5-13）。几根均线呈多头排列且同时向上移动，说明买方的

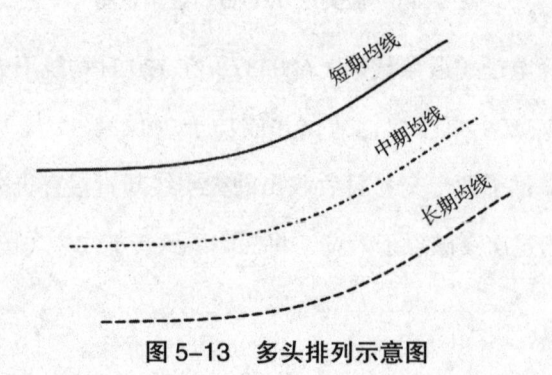

图 5-13　多头排列示意图

力量正在逐渐增强，是一个积极的买入信号。

如果股价运行到了多头排列的后期，那么这很有可能就是股价将要下跌的信号，股民朋友应提高警惕，随时准备离场。

（二）空头排列

空头排列的特点是长期均线处于最上方，中期均线居中，短期均线处于最下方（图5-14）。三种均线以圆弧状形态下滑。空头排列一般出现在大盘或个股的一段上涨行情之后，意味着大盘或个股又将出现一波下跌行情。

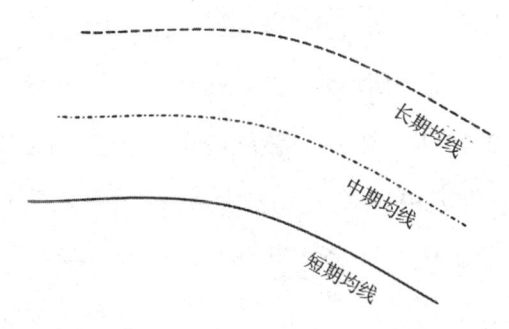

图5-14 空头排列示意图

（三）黄金交叉

当短期均线自下而上穿过中期均线，且两条均线同时向上移动，这种交叉状态就被称为"黄金交叉"（图5-15）。"黄金交叉"是一种强烈的买入信号。在任意多个周期内，不同周期的均线在同一时间点上交叉的意义不同：时间周期较长的两根均线出现"黄金交叉"要比时间周期较短的两根均线出现"黄金交叉"的买入信号强，且可信度更高。

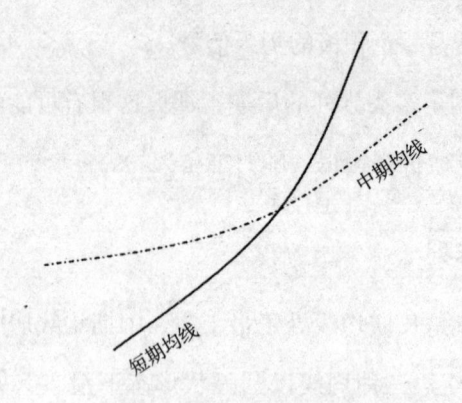

图 5-15　黄金交叉示意图

例如，古越龙山（股票代码：600059）在 2015 年 2 月 6 日的成绩比较糟糕，最低价只有 8.57 元。随后该股出现强烈的上涨信号，2015 年 2 月 26 日其短期均线上穿中期均线，并且同时开始上行，形成"黄金交叉"（图 5-16）。至 2015 年 3 月 23 日该股最高价达到了 12.87 元，相较于之前的最低价，涨幅达到 50.18%。

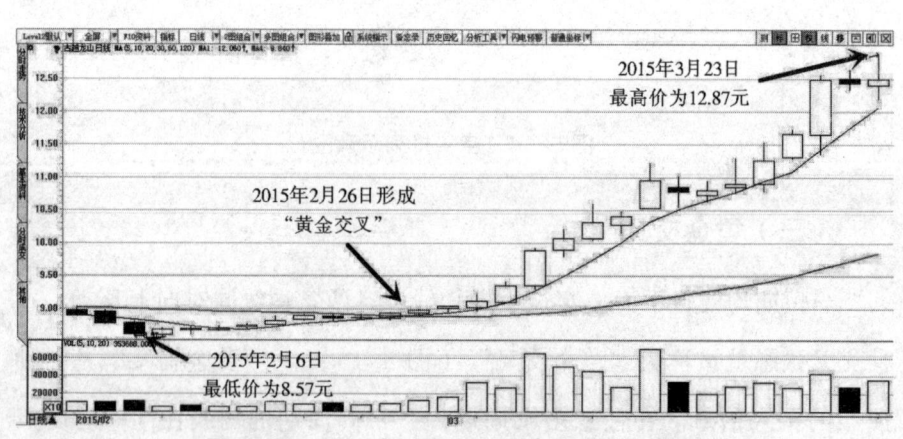

图 5-16　2015 年 2 月～3 月古越龙山 K 线图

（四）死亡交叉

"死亡交叉"又称"死叉"（图 5-17），是指短期均线自上而下穿过中期或者长期均线，并且两根均线同时向下运行，通常被看作是卖出的信号。不同的均线形成的"死亡交叉"所代表的含义也不同，时间周期长的两条均线所形成的"死亡交叉"要比时间周期短的两条均线形成的"死亡交叉"的信号更强，可信度更高一些。

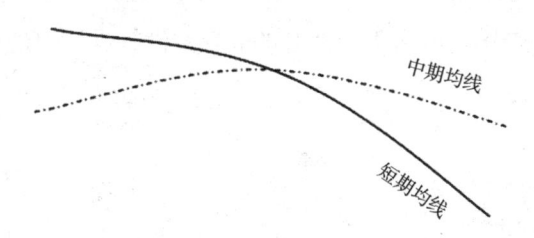

图 5-17 死亡交叉示意图

例如，中江地产（股票代码：600053）的 5 日均线在 2014 年 11 月 13 日向下穿过 30 日均线，形成"死叉"形态。在该形态产生后，其股价开始大幅下跌，如果不熟悉这种形态特征以及其所代表的意义，就很容易在后市蒙受巨大的损失（图 5-18）。

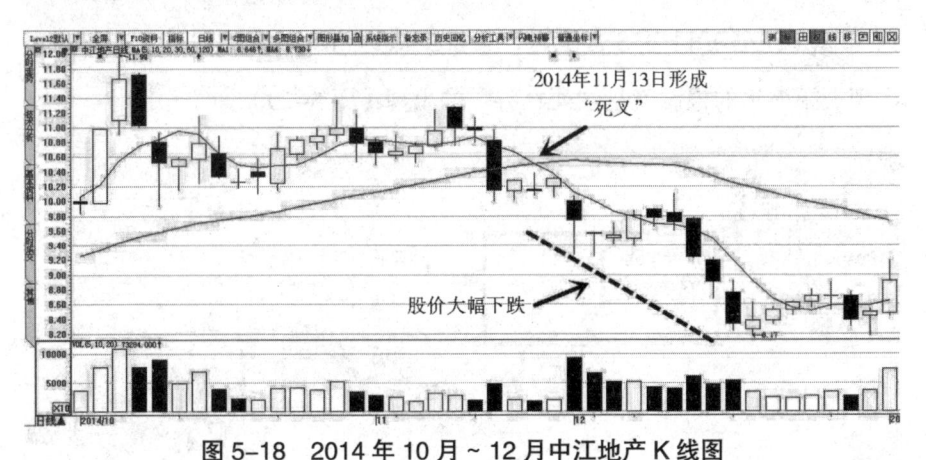

图 5-18 2014 年 10 月~12 月中江地产 K 线图

（五）死亡谷

"死亡谷"指短期均线向下穿过中期均线和长期均线，同时中期均线向下穿过长期均线，最终形成一个不规则的扇形。"死亡谷"多出现在上升中的均线系统发生逆转的时候，通常意味着空方力量强大，市场行情看跌，适合选择卖出。如果"死亡谷"出现时，股价已经历了一段较大的涨幅，那么就意味着后市股价很可能大幅下跌。基于上述说明，当"死亡谷"出现时，股民朋友要尽量抛出手中持有的股票，没有进场的最好对它敬而远之（图5-19）。

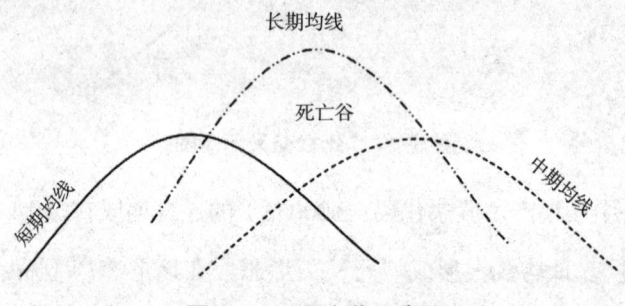

图 5-19　死亡谷示意图

例如，常山股份❶（股票代码：000158）2011年4月15日股价最高达到8.22元，至2011年8月9日，股价最低达到5.55元，股价大幅缩水。出现大幅缩水的根源就是"死亡谷"的出现（图5-20）。

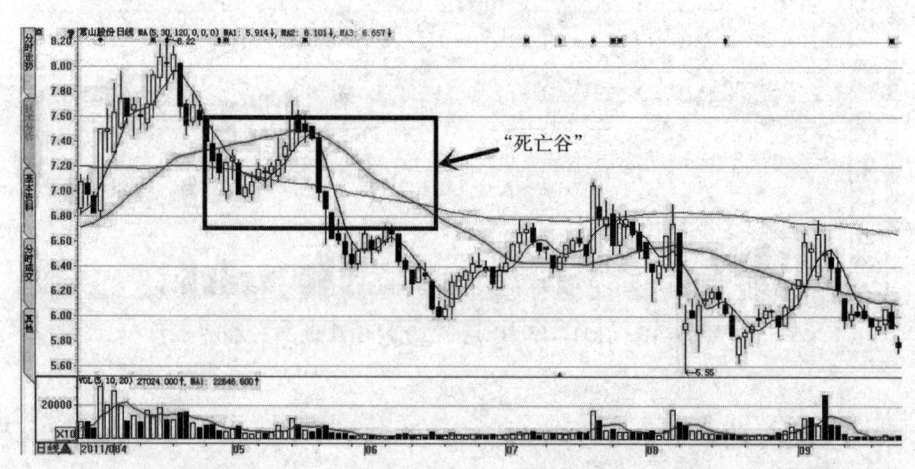

图 5-20　2011年4月~8月常山股份K线图

❶ 常山股份于2017年10月更名为常山北明。

均线分布形态是判断股市行情的重要工具，也是选择出入场的重要依据，但在实际的股市投资过程中，股民朋友不能生搬硬套地使用，要学会灵活变通。

第六章 ◎ 如何利用 KDJ 指标分析 K 线

KDJ 指标又称随机指标，是投资股票市场时最常使用的技术指标之一。在众多 K 线的技术指标中，KDJ 指标有着使用简单、操作方便、准确率高的优点，受到大多数股民的青睐。无论对于大波段和小波段来说，股民朋友都可依据分析 KDJ 指标来作出选择。

一、时间参数与取值范围

股民朋友可以利用KDJ指标中的K指标和D指标的取值来寻找买卖点。K指标和D指标的取值范围在0~100，将它们显示出来的指标在图像中进行划分可分为三个区域：超买区、平衡区和超卖区。根据不同的参数标准，这三个区域的取值范围也不相同。

（一）时间参数设置为9天

将KDJ指标的时间参数设置为9天。在这个时间参数下，30以下为超卖区、30~70为平衡区、70以上是超买区。当KDJ指标处于超买区时，可以看作强烈的卖出信号；而当KDJ指标处于超卖区时，可以看作强烈的买入信号。50是多空均衡线，如果市场的整体行情是多方市场，那么50便是回档支持线；如果市场的整体行情是空方市场的话，那么50则是反弹压力线（图6-1）。

如果只分析K指标，当K值逼近0时，表明K值达到了超卖的极端值，说明市场正处于低迷状态。K指标会由于市场由空转多，反弹到20~25的区域，然后一次由多转空被拉回去。这样的反抽过程以设置KDJ指标的时间参数为一周期，一般需要2~4个周期。在反抽确认后，极有可能出现一轮快速反弹，短线投资者可以在这个时机适当介入。

如果只分析D指标，那么最佳的买入时机是，D指标的值位于10~15。

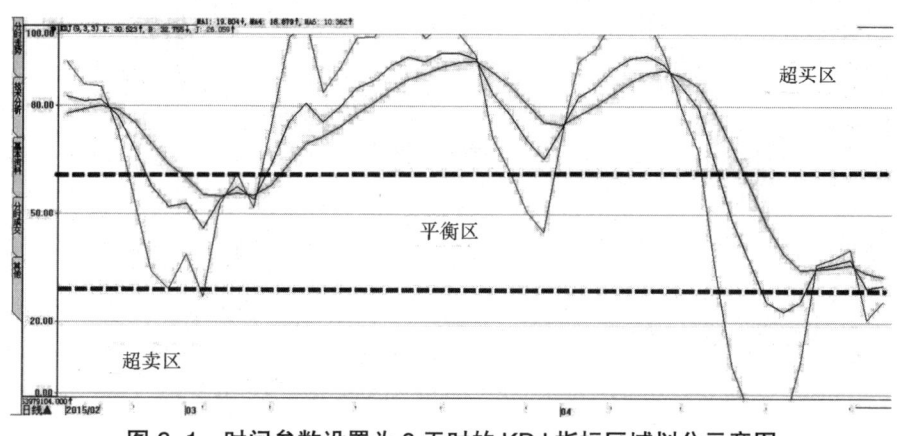

图 6-1　时间参数设置为 9 天时的 KDJ 指标区域划分示意图

例如，2014 年 11 月至 2015 年 1 月，金城股份❶（股票代码：000820）的 KDJ 指标徘徊在 20 附近的位置，处于超卖区域内，并且此时的 D 值始终在 13 附近波动，这种现象可以视为一种非常强烈的买进信号。从该股股价分析，当 KDJ 指标处于超卖区域时，该股股价始终在底部横向运行，并于 2014 年 12 月 30 日抵达相对低点，此时的股价为 6.63 元。随后股价开始尝试突破底部横盘状态，并且最终成功突破这一僵局，开始大幅走高。至 2015 年 4 月 30 日，该股最高股价已经上涨至 17.04 元，并且 KDJ 指标进入超买区域持续运行，相较于相对低点的 6.63 元，涨幅达到了 157.01%。如果股民朋友能够在 KDJ 指标处于超卖区域的时候及时买进，并且在 KDJ 指标运行超买区域时卖出，那么就能吃到一波上涨行情（图 6-2）。

---

❶ 金城股份于 2016 年 12 月 16 日更名为神雾节能，2019 年 4 月 12 日又更名为 *ST 节能。

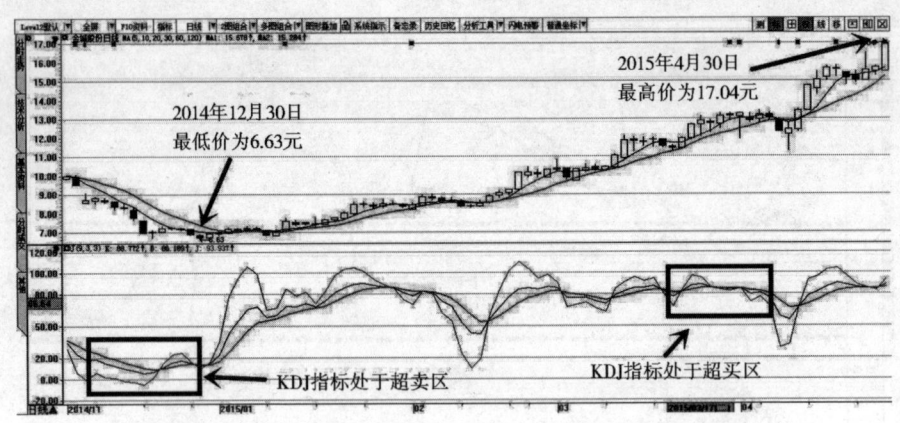

图 6-2　2014 年 11 月～2015 年 4 月金城股份 K 线图

（二）时间参数设置为5天

KDJ 指标以 5 天作为时间参数时，20 以下是超卖区、20～80 是平衡区、80 以上是超买区。无论时间参数设置为 5 天还是 9 天，它们判断的基本方式是相同的，如 KDJ 在超卖区即可看作强烈的买入信号，只是三个区域的取值不同（图 6-3）。

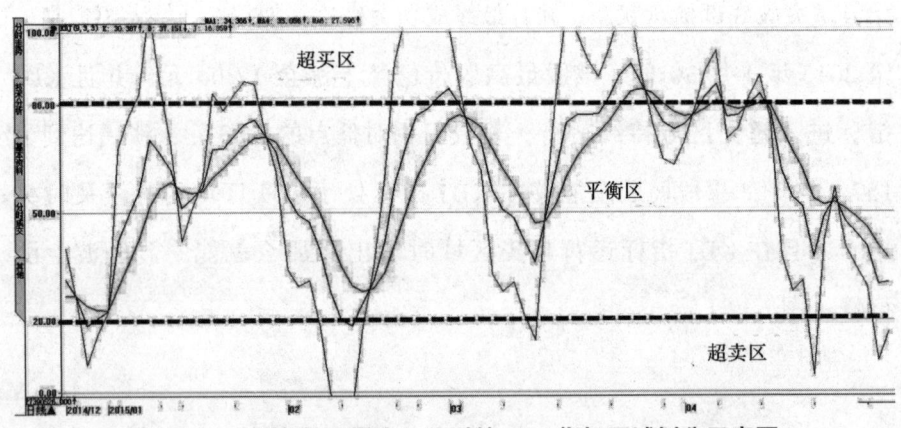

图 6-3　时间参数设置为 5 天时的 KDJ 指标区域划分示意图

例如，云南盐化❶（股票代码：002053）在经过一段时间的底部横盘运行后，其KDJ指标始终运行在15～18区域范围内，属于超卖区域，并且D指标徘徊在10～15，买入信号非常强烈。如果股民朋友能够及时发现这一现象，那么就能以15.40元左右的价格买进该股。当该股的KDJ指标在超卖区域运行一段时间后，随着股价的不断上涨，其KDJ指标也在不断上移，脱离超卖区域。至2015年4月30日，股价最高已经攀升至30.53元，相较于之前的底部价位15.40元，上涨幅度达到了98.25%（图6-4）。

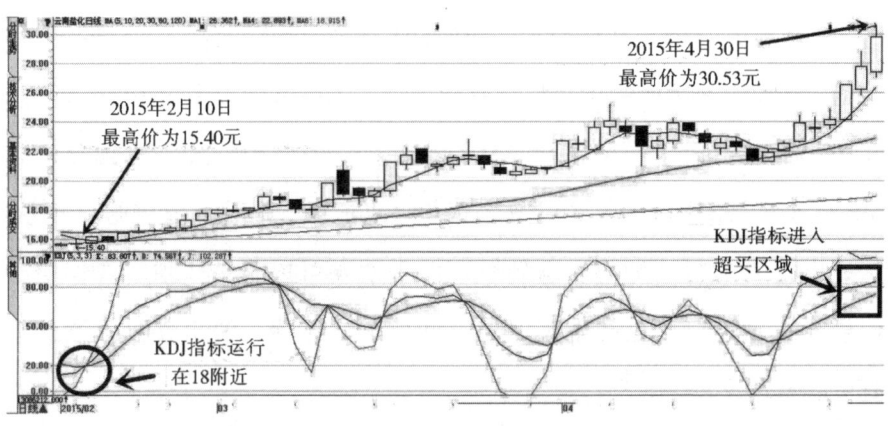

图6-4　2015年2月～4月云南盐化K线图

通常，股民朋友们可以将KDJ指标的时间参数设置为9天，其时间参数设置的越长可信度便越高。但如果想进行短线或超短线操作，时间参数周期过大就会影响KDJ指标的准确性以及灵敏度，因此要学会因时制宜。

---

❶ 云南盐化于2016年8月16起更名为云南能投。

二、KDJ指标的不同形态

在 K 线图中，KDJ 指标中的 K、D、J 指标会组合成一些形态，有着不同的含义。这些形态中往往隐含着交易买卖的信号。

股民朋友如果可以熟练掌握和了解 KDJ 指标中的各种形态，就可以很好地利用这些指标为自己带来丰厚的回报。

（一）M顶

KDJ 指标在低位区运行了一段时间后开始上行，不久后又进入下行通道，但未达到历史低位又重新开始上行，而后 KDJ 指标再一次下行，几次起落后形成了类似字母"M"的走势，因此被称为"M顶"形态（图6-5）。KDJ 指标中的"M顶"又叫双重顶，是股市中常见的形态，它的出现表示行情即将由涨转跌。股民朋友可以将"M顶"看作卖出信号，特别是股价已经上涨一段时间后，"M顶"的出现表示股价极有可能见顶反转。

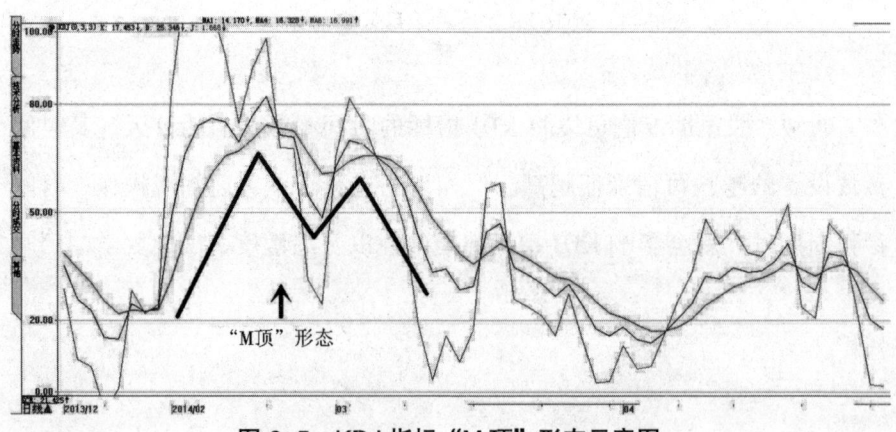

图 6-5　KDJ 指标"M顶"形态示意图

例如，2014年9月至10月中旬，超声电子（股票代码：000823）的KDJ指标形成了"M顶"形态，随后该股开始大幅下跌。如果股民朋友能够认出这种形态，就能规避一次大幅下跌行情（图6-6）。

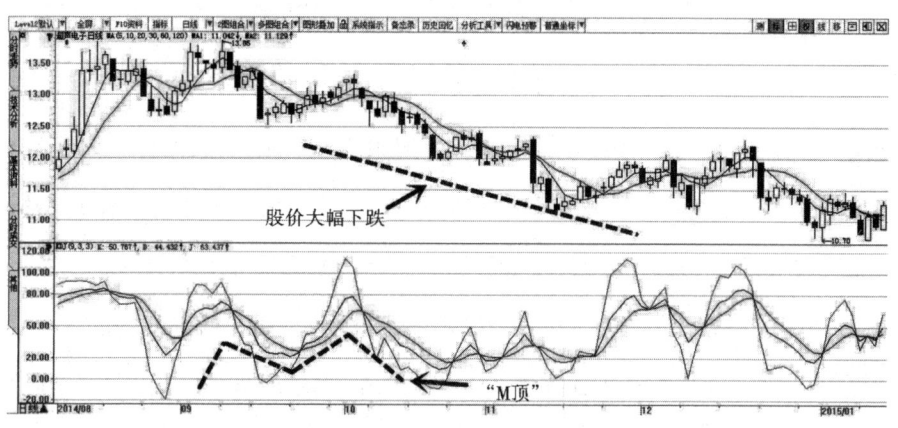

图6-6 2014年8月～2015年1月超声电子K线图

（二）W底

KDJ指标在某一高度开始下行，然后又上行，但幅度较小，没有到达之前的高位便开始回落，再次上行，形成了"W"形走势，即所谓的"W底"形态（图6-7）。

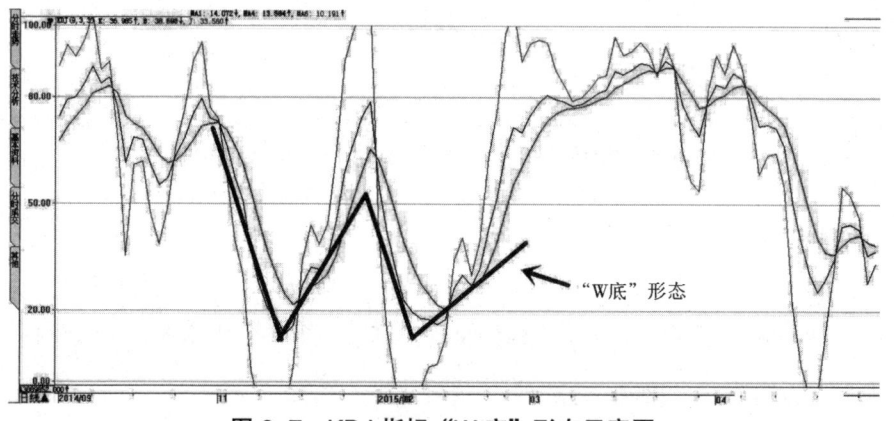

图6-7 KDJ指标"W底"形态示意图

KDJ指标的"W底"又叫双重底，是股市中的经典形态，它的出现表示行情即将由下跌转为上涨。股民朋友可以将"W底"看作买入信号，特别是在股价已经下跌一段时间后，"W底"的出现预示着股价极有可能见底反转。

例如，2015年1月~5月，张裕A（股票代码：000869）的KDJ指标就形成了比较明显的"W底"形态，一般来说，它的出现往往意味着股价即将见底或者会达到一个阶段性底部。结合股价分析，当该股的KDJ指标完成"W底"形态时，股价也运行到了一个相对低点的位置（图6-8）。从图中可以看到，2015年2月9日，也就是该股KDJ指标即将完成"W底"形态的时候，该股股价达到了最低价32.05元，随后便止跌回升，一路走高。至2015年5月13日，该股最高价已达54.89元，涨幅为71.26%。

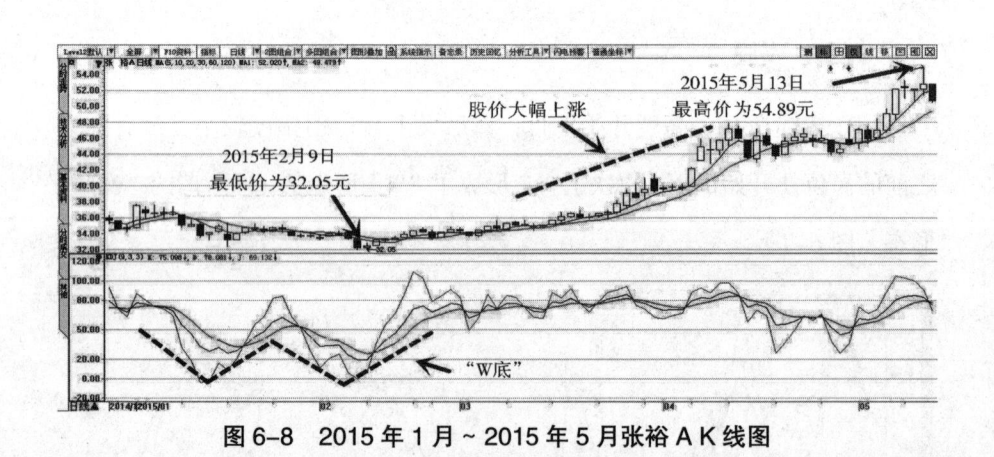

图6-8　2015年1月~2015年5月张裕A K线图

（三）圆顶

如图6-9所示，KDJ三指标均呈现"圆顶"形态，表示股价将要见顶，股民朋友可以将"圆顶"看作卖出信号。

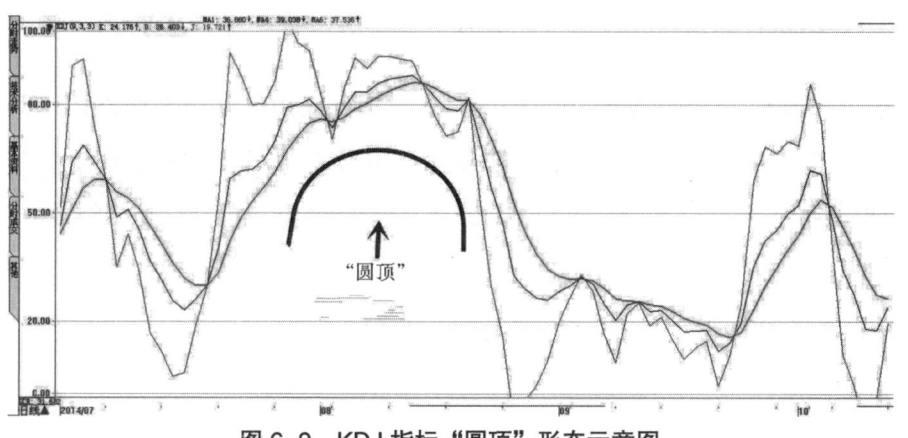

图 6-9 KDJ 指标"圆顶"形态示意图

例如，峨眉山 A（股票代码：000888）在 2014 年 9 月~11 月，股价先是大幅上涨，在触顶之后快速大幅下跌，走势如同过山车轨道一样险峻。在股价如此巨幅变动的同时，该股的 KDJ 指标也在高位区域形成了一个开口向下的半圆形，构筑出了比较典型的"圆顶"形态。如果股民朋友对 KDJ 指标的形态变化比较敏感，那么就能从容吃到一波上涨行情，并且及时逃离顶部，规避后市下跌行情带来的损失（图 6-10）。

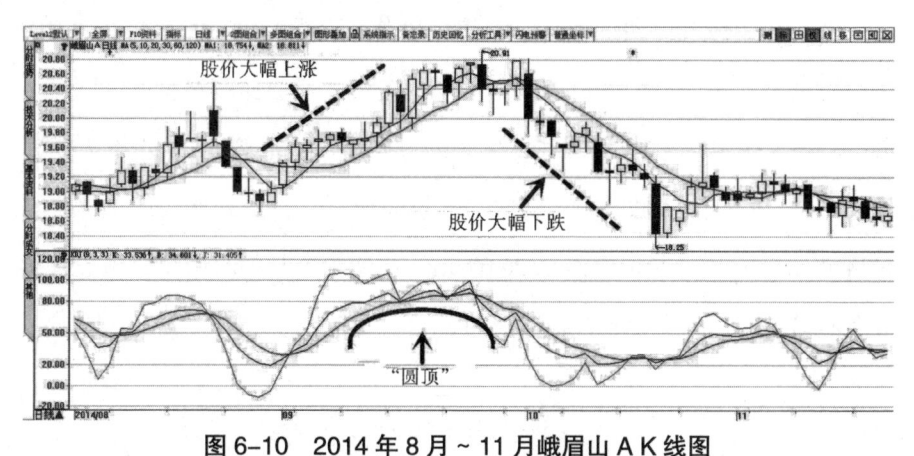

图 6-10　2014 年 8 月~11 月峨眉山 A K 线图

（四）圆底

从图 6-11 中可以看出，KDJ 三指标均呈现出"圆底"形态，出现这种形态表示股价将要见底。股民朋友可以把"圆底"形态看作买入信号。

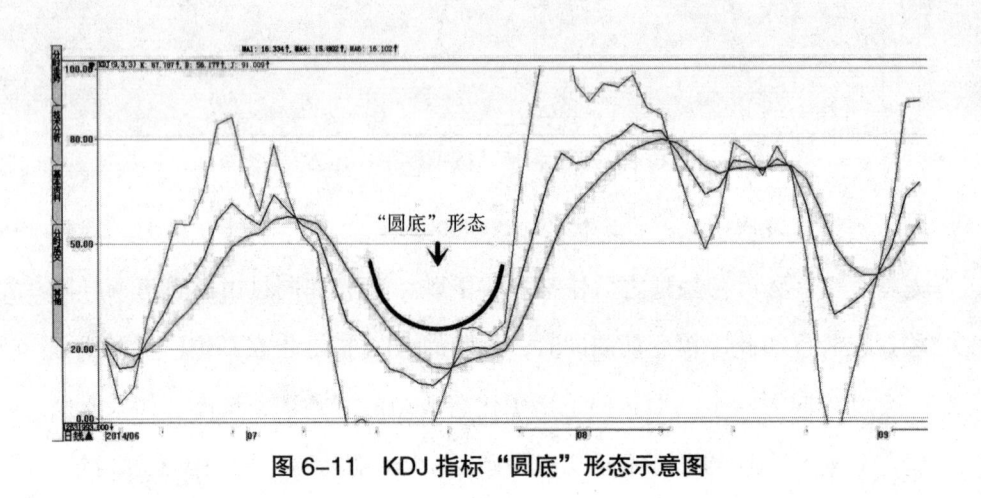

图 6-11　KDJ 指标"圆底"形态示意图

例如，2014 年 7 月～8 月，桑德环境[1]（股票代码：000826）的 KDJ 指标构筑出了一个类似开口向上的半圆的走势，形成比较典型的"圆底"形态。在 KDJ 指标构筑"圆底"形态的过程中，该股曾在 2014 年 7 月 21 日以 20.12 元的价格触底，"圆底"构筑完成后，该股开始持续上涨。至 2014 年 9 月 9 日，股价已涨至 26.09 元。不到两个月的时间里，该股持续上涨的幅度就达到了 29.67%（图 6-12）。

---

[1] 桑德环境于 2019 年 7 月更名为启迪环境。

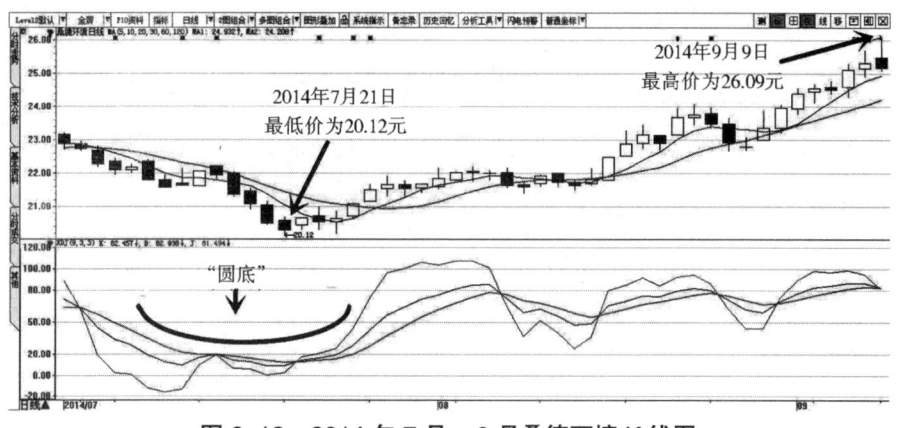

图 6-12 2014 年 7 月～9 月桑德环境 K 线图

三、如何使用KDJ指标预测后市

根据移动平均线在不同位置的交叉情况,可判断出后市股票价格运行的趋势。KDJ指标也具有这种特性,同时还拥有预测后市趋势的能力。

(一)K指标与D指标形成"金叉"

KDJ指标中的"金叉"是指K指标向上穿过D指标(图6-13)。当"金叉"位置处于超卖区,可看作强烈的买入信号。相对于D指标下降时K指标与其相交,K指标在D指标向上运行时与其相交的图像可信度要更高。

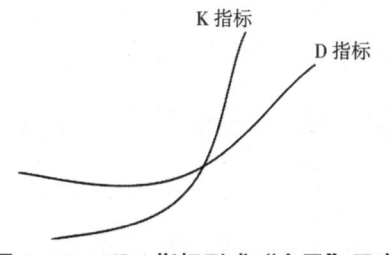

图 6-13 KDJ 指标形成"金叉"示意图

K、D指标在低位区的交叉次数越多，形成"金叉"的买入信号就越强。

在不同的环境中，前面所说的条件发生的概率是不同的，也就是说不是每一次"金叉"都能满足所有的安全信号条件，股民朋友需要结合其他数据综合分析，进而把握住每一次获利的最佳时机。

例如，力合股份❶（股票代码：000532）在经过一段下跌行情后，其KDJ指标于2015年1月5日在超卖区域形成"金叉"形态，并且在K指标上穿D指标的时候，D指标已经开始向上运行，此时该股最高价格为14.40元。在形成"金叉"后，该股价格一路上涨，至2015年4月10日，该股最高价格已经攀升至24.25元，相较于14.40元，涨幅达到了68.40%（图6-14）。如果股民朋友能够在其KDJ指标形成"金叉"时及时介入，以14.40元的价格买进，随后在2015年4月10日卖出，就能享受一段幅度为68.40%的上涨行情。

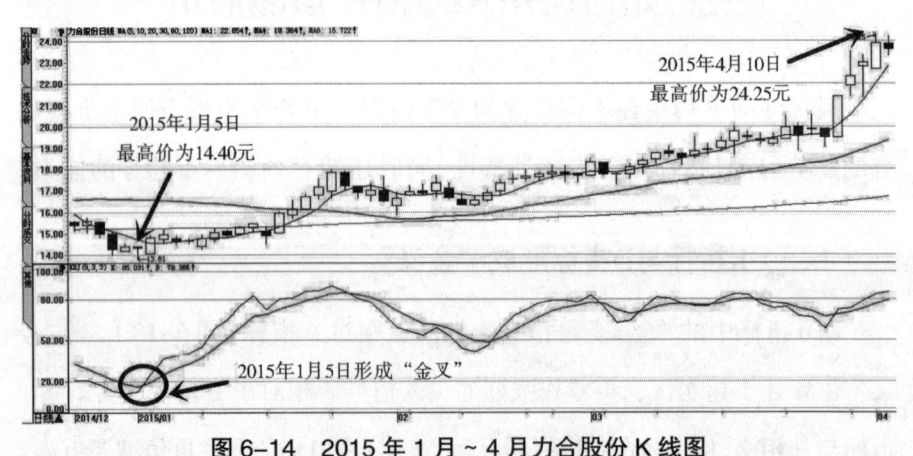

图6-14　2015年1月~4月力合股份K线图

（二）K指标与D指标形成"死叉"

当K指标向下穿过D指标时，便形成了"死叉"（图6-15）。当"死叉"

---

❶ 力合股份于2017年4月更名为华金资本。

处于超买区时，可视为强烈的卖出信号。"死叉"出现的次数越多，指标的可信度就越高。如果在超买区发生了"死叉"或者"死叉"形态多次出现，可看作一般程度的卖出信号；如果在超买区发生了"死叉"后又多次出现"死叉"形态，就是非常强烈的卖出信号。

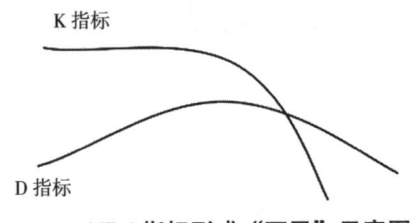

图 6-15　KDJ 指标形成"死叉"示意图

例如，中银绒业（股票代码：000982）在经过了一段大幅上涨行情后，其 KDJ 指标于 2014 年 3 月 18 日在超买区域形成了"死叉"形态，此时该股最高价格为 5.78 元。随后该股便开始一路下跌，至 2014 年 6 月 24 日，该股已跌至 3.86 元，相较于 2014 年 3 月 18 日的股价，跌幅达到了 33.22%（图 6-16）。

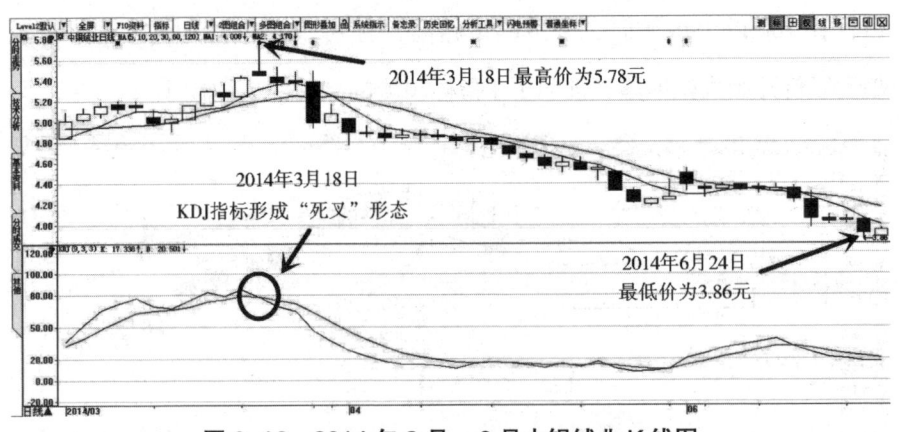

图 6-16　2014 年 3 月~6 月中银绒业 K 线图

（三）J指标连续上行在100以上的位置

当J指标连续在100以上运行，表示股价有极大可能见顶或者达到相对高点，股民朋友们可以将这种情况看作卖出信号（图6-17）。

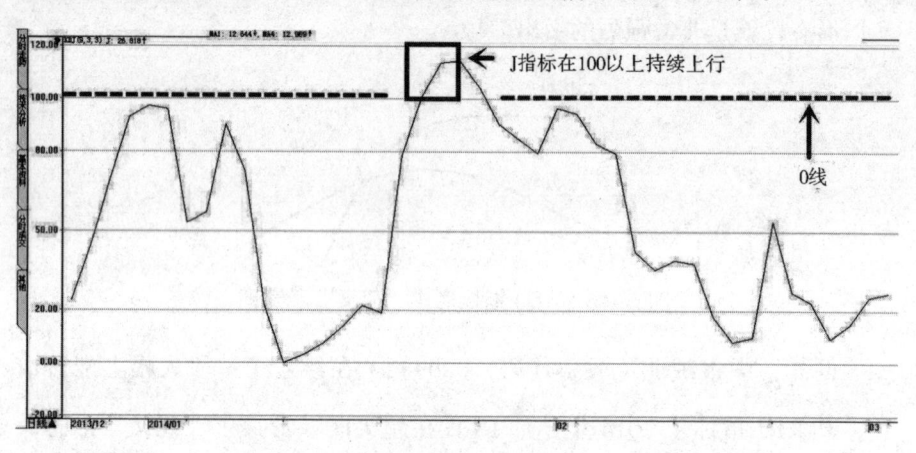

图6-17　J指标连续上行在100以上示意图

例如，2014年9月30日至10月10日，钱江摩托（股票代码：000913）的J指标始终运行在100以上。从股价方面观察，当该股J指标运行在100以上区域时，股价越走越高，直到2014年10月10日见顶。随后股价开始大幅回落，证明了J指标预测的准确性（图6-18）。

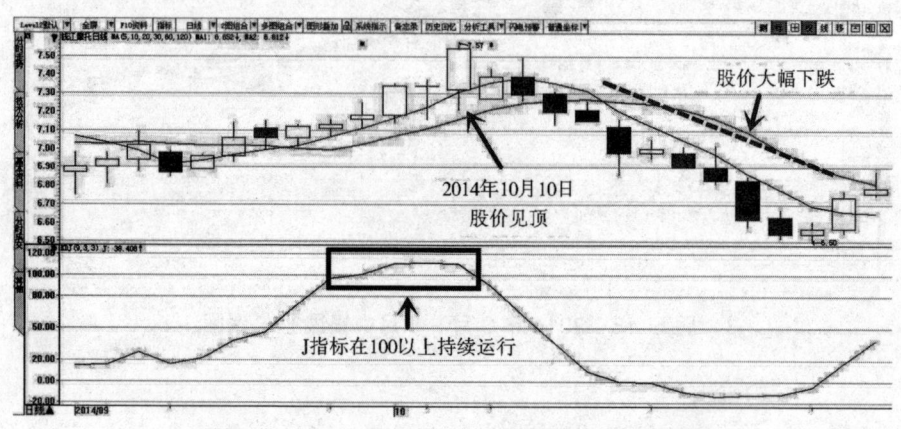

图6-18　2014年9月～11月钱江摩托K线图

（四）J指标连续下行在0以下的位置

当J指标连续在0线以下运行，表示股价有极大可能将会见底或者达到相对低点，股民朋友可以将这种情况看作买入信号（图6-19）。

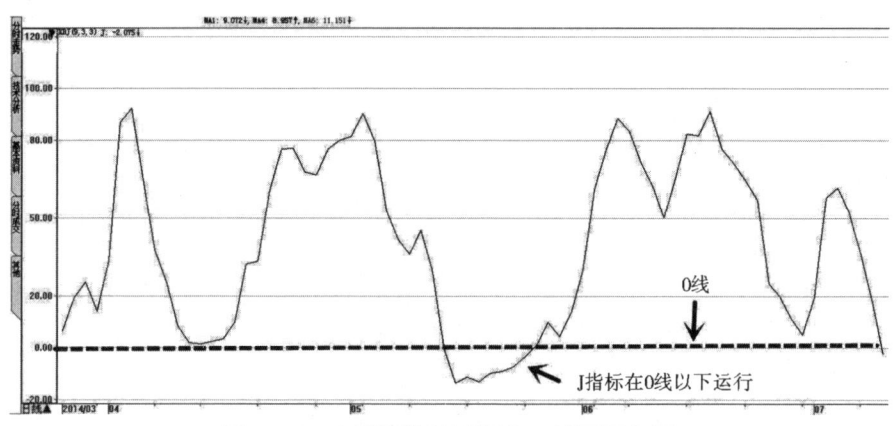

图6-19 J指标连续下行在0以下示意图

例如，电广传媒（股票代码：000917）在经过了一段时间的底部横盘后，J指标跌落到0以下持续横向运行。观其股价，正是在J指标0轴以下横向运行的时候，于2015年2月2日以16.69元的价格见底。随后股价开始大幅上涨，至2015年5月20日，其最高价已经涨至37.37元，相较于底部价格，涨幅达到了123.91%（图6-20）。

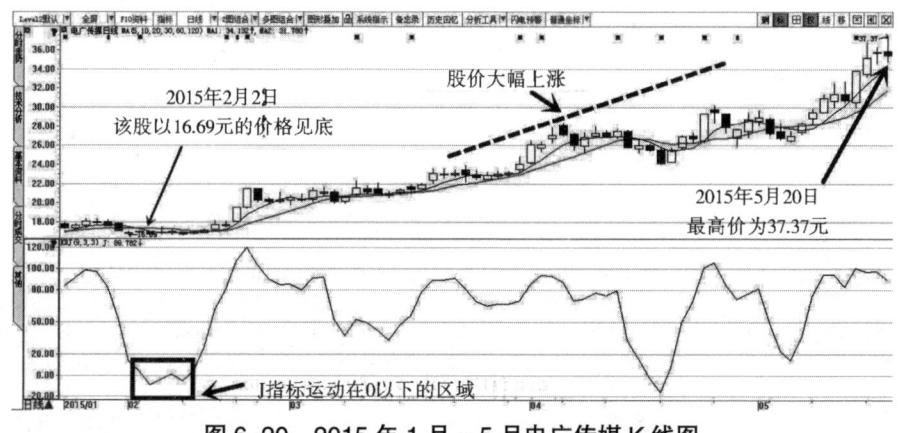

图6-20 2015年1月~5月电广传媒K线图

第七章 ◎ 如何利用 MACD 指标分析 K 线

MACD 指标是 K 线技术分析中一种非常重要的指标，可以归类为趋向性指标。和其他指标相比，MACD 指标对大盘的分析更加准确、阅读更加方便，它可以帮助股民发现投资机会，保护股民的投资收益不受损失。

一、基本组合

在 MACD 指标中，当 DIFF 指标向下穿过 DEA 指标时，称作"死亡交叉"，简称"死叉"；当 DIFF 指标向上穿过 DEA 指标时，称作"黄金交叉"，简称"金叉"。而"拒绝死叉"是指当 MACD 指标即将形成"死亡交叉"时，指标线却突然转向，并未真正形成"死亡交叉"；"拒绝金叉"是指当 MACD 指标即将形成"黄金交叉"时，指标突然转身并未真正形成"黄金交叉"。

在 MACD 指标中，"死叉"意味着强烈的卖出信号，而"拒绝死叉"的出现又为股民朋友提供了买进的依据；"金叉"意味着强烈的买入信号，而"拒绝金叉"的出现则提醒着股民朋友卖出手中的筹码。

（一）"拒绝死叉"

DIFF 指标在 DEA 指标上方运行了一段时间后，突然下滑，但在快要穿过 DEA 指标时，再次转头上行，造成"死叉"失败，从而形成了"拒绝死叉"（图 7-1）。出现"拒绝死叉"后的股票价格大多都会上涨，但很少会再涨到之前的高度。在 MACD 指标中，形成"拒绝死叉"意味着出现了最佳的买入时机。

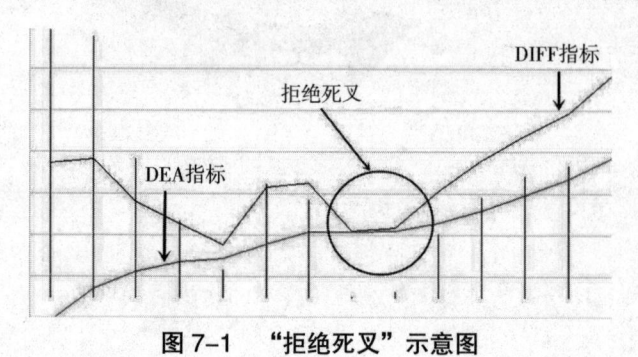

图 7-1 "拒绝死叉"示意图

"拒绝死叉"其实是主力洗盘的一种方法，当观察到MACD指标形成"拒绝死叉"反身向上时，便要做好随时介入该股的准备。

例如，金运激光（股票代码：300220）在经过一段小幅上涨后，其MACD指标于2014年8月28日形成"拒绝死叉"形态，展现了较为强势的上涨动能，随后在2014年9月22日其MACD指标又一次形成"拒绝死叉"形态，股价开始大幅上涨。当该股到达相对较高的位置后，由于后市的下跌行情，使该股的MACD指标形成了"死叉"形态，如果股民朋友能够在"死叉"形成的时候及时卖出手中的持股，就能保证自己获得的利益不会流失（图7-2）。

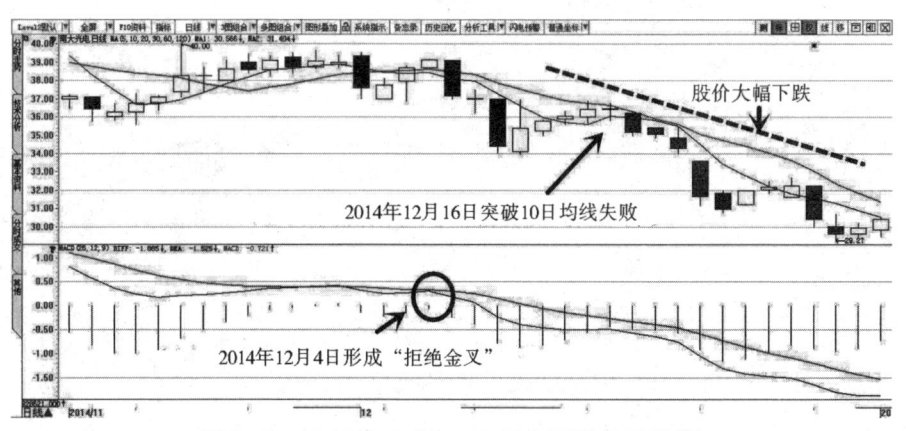

图7-2 2014年8月~12月金运激光K线图

（二）"拒绝金叉"

DIFF指标在向下运行穿过了DEA指标后，继续向下运行一段时间，然后突然上行，但在快要穿过DEA指标时，再次转头向下，造成"金叉"失败，从而形成了"拒绝金叉"（图7-3）。在MACD指标中，"黄金交叉"是非常好的买入信号，而"拒绝金叉"是典型的卖出信号。

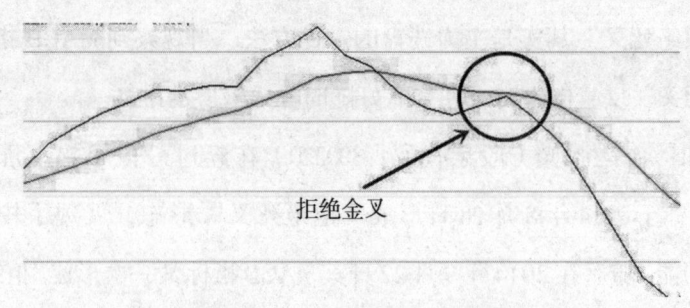

图 7-3　"拒绝金叉"示意图

例如，南大光电（股票代码：300346）在顶部横向运行一段时间后，由于股价的下跌导致了其 MACD 指标形成了"拒绝金叉"形态。随后该股尝试向上突破 10 日均线，但以失败告终，DIFF 指标和 DEA 指标呈空头排列，后市大幅下跌的行情并没有被逆转（图 7-4）。

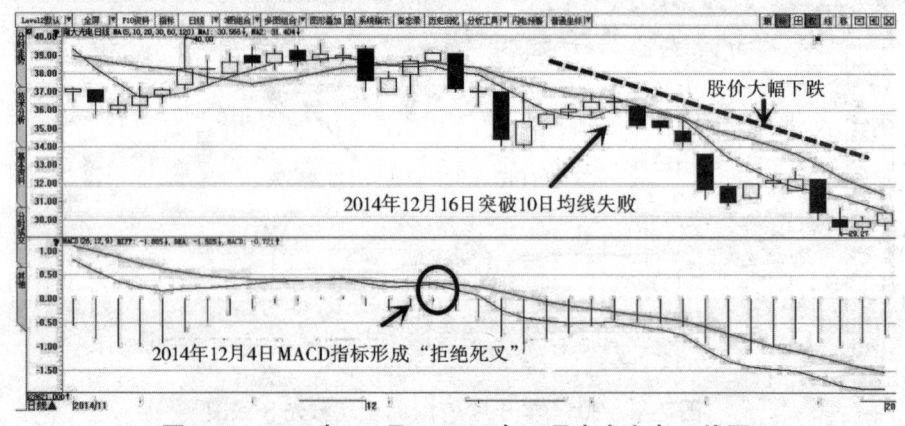

图 7-4　2014 年 11 月～2015 年 1 月南大光电 K 线图

（三）"空中加油"

多个"金叉""死叉"排列组合出一定形态，在 MACD 指标中这种特殊情况称作"空中加油"，它不是指标与 DEA 指标的某个单一形态。

在实际操作中，"空中加油"表示后市股价有持续上涨的可能，所以"空中加油"对股民朋友来说有很大的参考价值。

DIFF 指标与 DEA 指标形成"金叉"后会有向上运行的趋势，一段时间后，有向上穿过 0 轴的可能。而后 DIFF 指标又缓慢下降，穿过 DEA 指标形成"死叉"。出现"死叉"后，DIFF 指标再次向上运行穿过 DEA 指标，又形成了"金叉"，整个过程的最终态就是"空中加油"（图 7-5）。

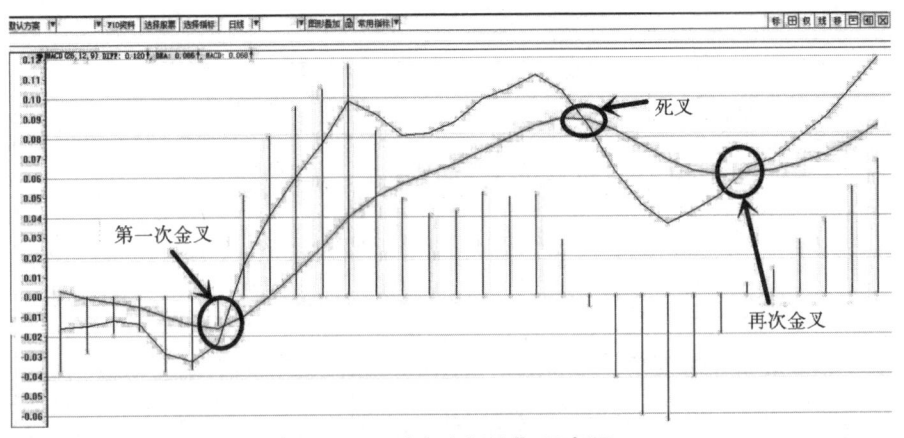

图 7-5　"空中加油"示意图

　　"空中加油"并不是某种固定的形态，可能由"金叉"开始，也有可能由"拒绝死叉"开始。出现"空中加油"后，股价通常都会大幅上涨，可以看作强烈的买入信号。

　　例如，鼎龙股份（股票代码：300054）在经过一段时间的底部横盘后，其 MACD 指标于 2015 年 1 月 3 日形成"金叉"，此时该股的最高价为 14.05 元。随后该股一路上涨，直到 2015 年 2 月 25 日，该股 MACD 指标又形成一次"死叉"形态，股价出现了小幅回落，但是这种回落态势并没有持续多久。到了 2015 年 3 月 4 日，该股又一次形成"金叉"形态，结合前两次的走势形态来看，该股已经完成了"空中加油"。至 2015 年 4 月 7 日，该股最高价已经上涨到 25.35 元，相较于 2015 年 1 月 3 日的 14.05 元，累积涨幅达到了 80.43%。如果股民朋友对"空中加油"这种 MACD 形态足够了解，那么就能在短短 3 个月的时间内吃到一波涨幅为 80.43% 的行情（图 7-6）。

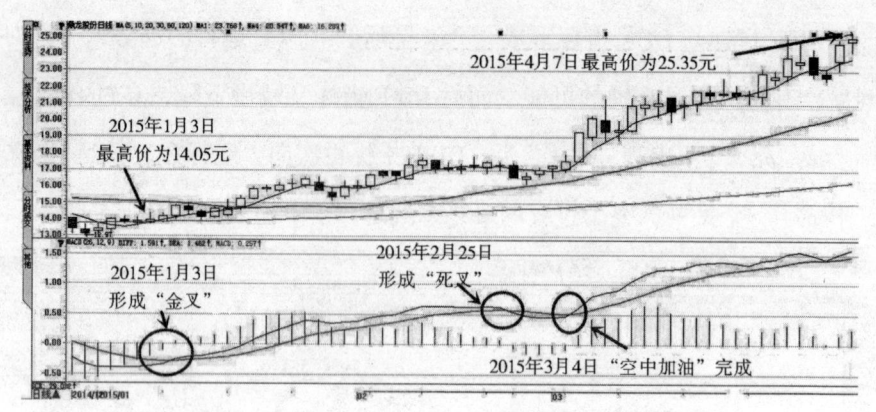

图 7-6　2015 年 1 月~4 月鼎龙股份 K 线图

又如，2015 年 2 月 11 日，江海股份（股票代码：002484）的 MACD 指标在 0 轴之上形成了"拒绝死叉"形态，随后开始小幅上涨。2015 年 3 月 9 日，由于该股股价小幅回落，其 MACD 指标中的 DIFF 指标向下穿过 DEA 指标，形成了"死叉"形态。此后，多空双方经过激烈的交手，多方终于战胜空方，致使股价大幅上涨，同时其 MCAD 指标在 2015 年 3 月 17 日形成"金叉"形态，此时该股 MACD 指标已经构筑出了"空中加油"，预示着后市该股将会持续上涨。2015 年 2 月 11 日，该股最低价仅为 15.80 元，而到了 2015 年 4 月 8 日，其最高价已经上涨至 21.70 元，期间涨幅达到了 37.34%（图 7-7）。

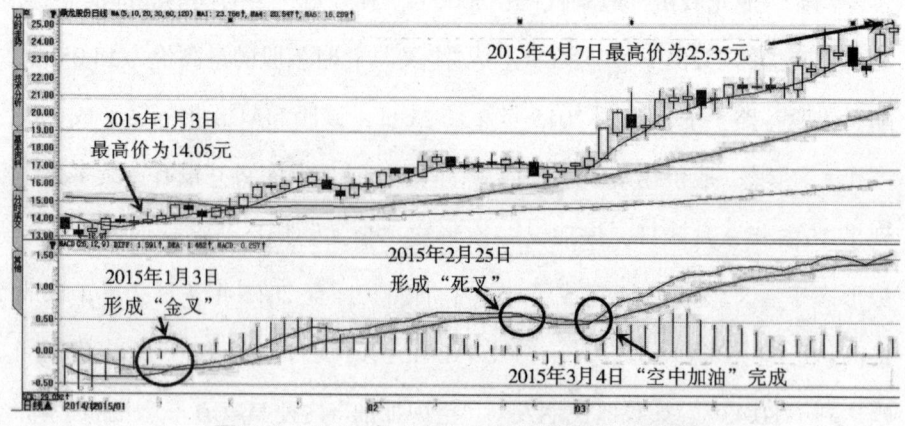

图 7-7　2015 年 1 月~5 月江海股份 K 线图

二、"底背离"和"顶背离"

在 MACD 指标中,"顶背离"和"底背离"是两种常见的形态,但能够真正利用好这两种形态为自己带来收益的股民并不是很多。想通过抢短线反弹提升利益的股民朋友可以把"底背离"看作一个良好的买入信号;"顶背离"可以帮助股民朋友规避因股价"高台跳水"而被高位套牢的风险。

(一)"底背离"

"底背离"指的是股价近期出现了两到三个低点,而图像中形成的"金叉"和股票的低点并不是对应出现的(图 7-8)。出现这种情况,表示空方的力量已经不足,不能继续向下做空。若此时股票价格破位下跌产生了新的低点,往往是空头陷阱。而这种"底背离"可以看作买入信号,进行短线的操作。

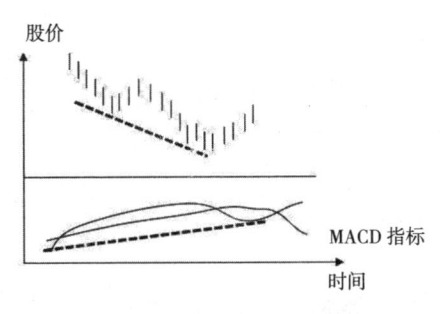

图 7-8 "底背离"示意图

例如,闽东电力(股票代码:000993)在 2015 年 1 月～3 月,股价呈现出持续下跌的态势,每次创造的低点都要比上一次更低,与此同时,该股的 MACD 指标却呈现出一底高于一底的趋势,股价与 MACD 形成了背离现象(图 7-9)。从图中可以看到,2015 年 2 月 9 日,该股最低价为 8.00 元,而到了 2015 年 4 月 27 日,其最高价已经达到了 12.68 元,期间涨幅达到了58.50%。

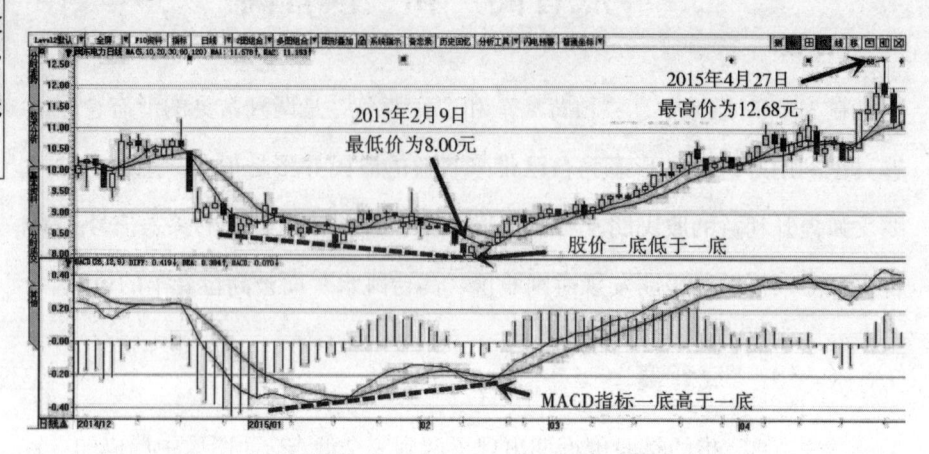

图7-9 2014年12月~2015年5月闽东电力K线图

（二）"顶背离"

"顶背离"表示股价不断创造新高，但同时DIFF指标和DEA指标所代表的两条曲线的交叉点越来越低（图7-10）。"顶背离"形态通常表示股价原本的运行趋势将要发生变化，后市很可能出现大幅下跌，这时股民朋友应该提高警惕，开始减仓操作。

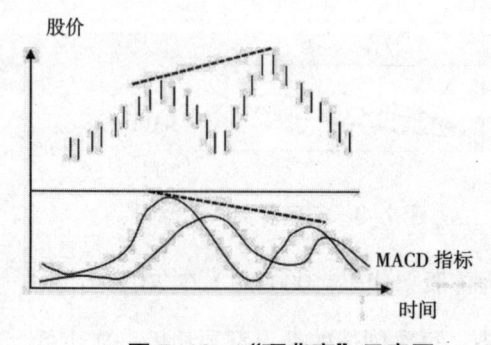

图7-10 "顶背离"示意图

若连续出现"顶背离"表明股票价格将会一跌再跌，如果该股票的MACD指标已经发生了两次"顶背离"，股民朋友就应尽早抛出筹码并清仓离场。

例如，在2014年7月~10月，云投生态❶（股票代码：002200）在股价不断上涨的同时，MACD指标却在不断下跌，并且每次形成的顶部都比之前的顶部低，股价与MACD指标形成了比较典型的"顶背离"形态，随后该股便开始大幅下跌。如果股民朋友能够熟知这种形态，就能合理规避一次损失（图7-11）。

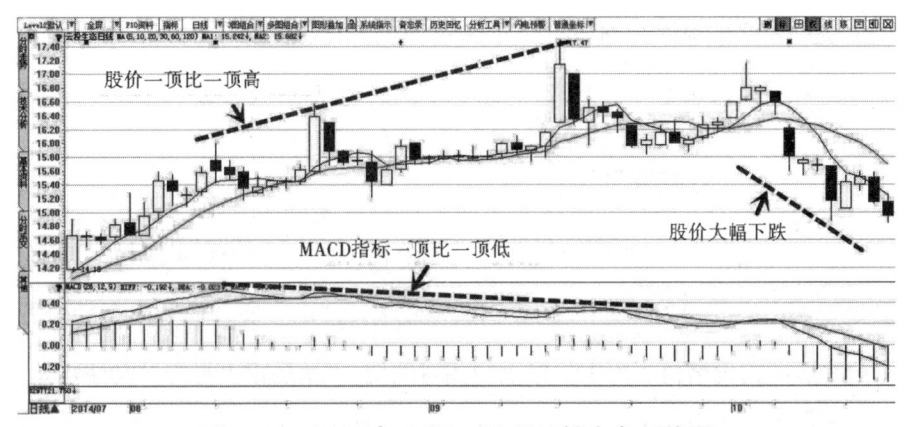

图7-11 2014年7月~10月云投生态K线图

MACD指标中出现"底背离"表示空方力量不足，股票将跌破重要价位出现新低。有时股价也可能并未创造新的低点，而是与之前持平，但DIFF指标与DEA指标在0轴下形成的交叉点仍然一次比一次高，这种情况也是"底背离"现象的一种。

如果一只股票的MACD指标接连发生两次"顶背离"，股民朋友应及时清仓，避免遭受损失。

---

❶ 云投生态于2019年4月26日更名为*ST云投。

三、双线合一

MACD 指标中的 DIFF 指标与 DEA 指标重叠到一起，叫作"双线合一"。不同区域内形成的"双线合一"有着不同的名称和含义，根据位置来区分，可以分为"山谷底""安全区""半山腰"。

当某股票的 MACD 指标中出现 DIFF 指标和 DEA 指标"双线合一"时，表示这只股票的风险相对较低，用来选择投资比较安全。"双线合一"是非常值得参考的技术分析方法，有使用简单、可信度高、易于理解等优点。

（一）"山谷底"

"山谷底"指 DIFF 指标与 DEA 指标在距 0 轴下方较远的区域重合，像是处于两山之间山谷深处的形态（图 7-12）。"山谷底"形态出现的位置一般在股票的价格位于历史价格上的相对低位，表示后市上涨的可能性较大。

在实际操作中，DIFF 指标和 DEA 指标张口向上，预示在后市较长时间内，该股会出现中级到高级的上涨行情。"山谷底"形态对于偏向中长线投资的股民朋友来说，可以看作买入信号。

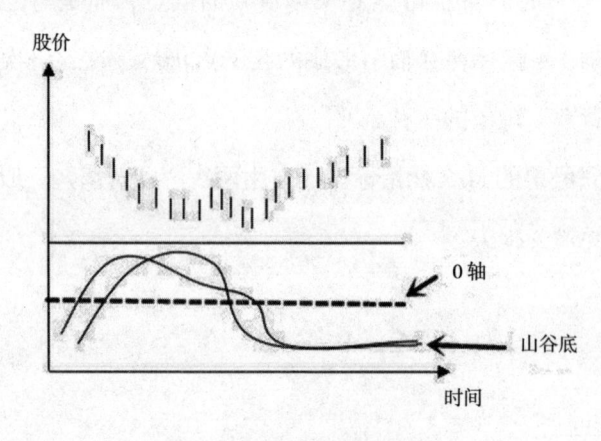

图 7-12 山谷底示意图

例如，栋梁新材[1]（股票代码：002082）在底部横盘整理的过程中，其MACD指标的DIFF指标和DEA指标同时下跌到0轴以下，并且重合横向运行，形成了较为典型的"山谷底"形态（图7-13）。从图中可以看到，在"山谷底"形成后，股价开始持续上涨。2015年1月19日，也就是"山谷底"构筑期间，该股最低价为9.02元，在经过一段长时间的上涨后，其最高价已经达到了14.33元，期间涨幅为58.87%。

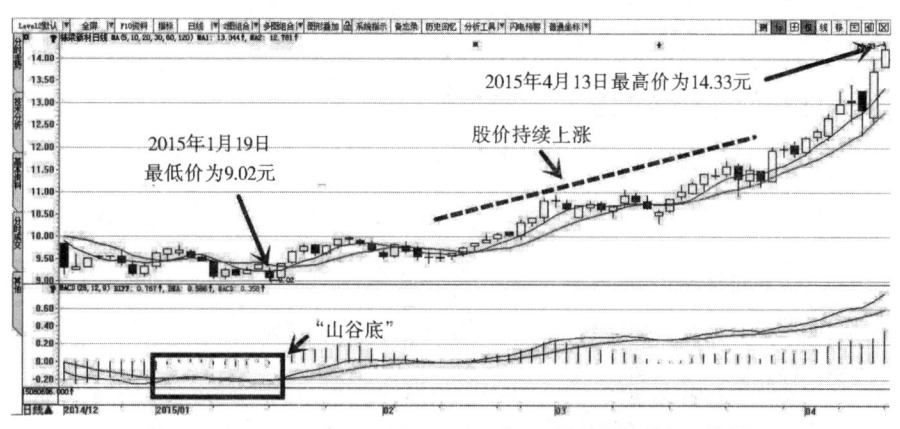

图7-13　2014年12月~2015年4月栋梁新材K线图

（二）"安全区"

DIFF指标和DEA指标在0轴附近形成的"双线合一"，叫作"安全区"（图7-14）。这种形态一般出现在股价开始小幅上涨而后横盘的位置，股价波动的幅度并不大。如果DIFF与DEA指标的张口向上，股价将呈现缓慢的上涨趋势，表示多方比空方的力量稍大，但并不明显。"安全区"可以被中长线投资者当作介入的标志，虽然股价在短时间内涨幅不会很大，但风险较小，适合保守型投资者。

---

[1] 栋梁新材于2018年1月24日更名为万邦德。

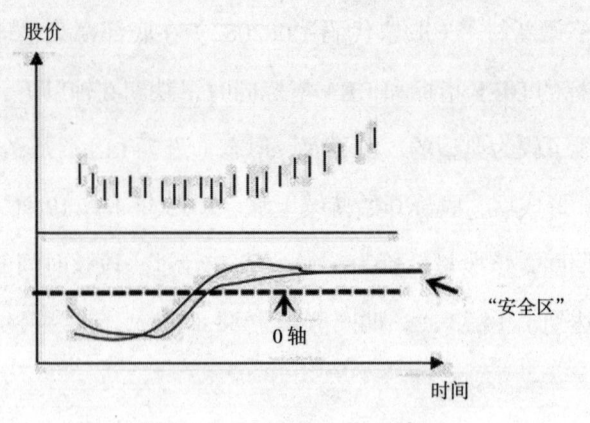

图 7-14 "安全区"示意图

例如，全聚德（股票代码：002186）在经过一段小幅上涨后，其 MACD 指标从 0 轴以下回升到 0 轴之上，并且 DIFF 指标和 DEA 指标重叠横向运行，构筑出了较为典型的"安全区"形态（图 7-15）。从图中可以看到，该股在经过"安全区"洗礼后，股价开始上涨。如果股民朋友对"安全区"的概念比较熟悉，并且能熟练运用，那么就不会错过这一段上涨行情。

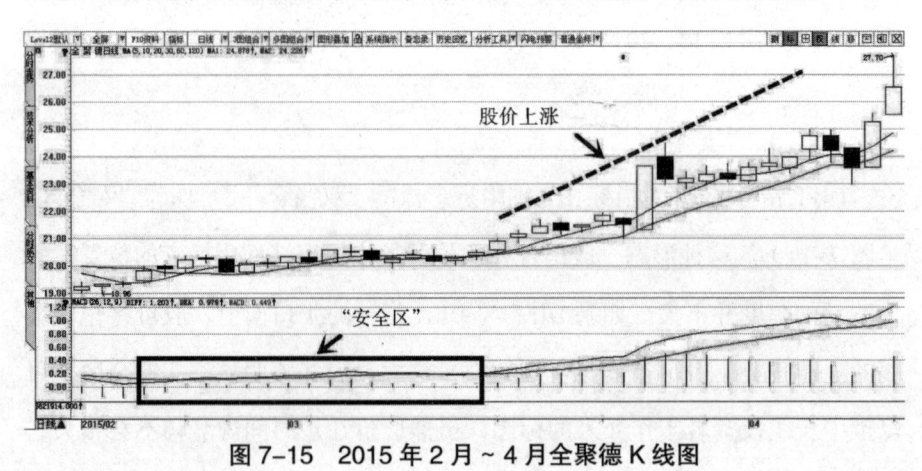

图 7-15　2015 年 2 月～4 月全聚德 K 线图

（三）"半山腰"

DIFF 指标与 DEA 指标在 0 轴以上的较高位置形成"双线合一"，叫作"半山腰"（图7-16）。这种形态表明，多头已经在"安全区"内累积了足够的力量用来上冲，一旦两个指标开口向上，后市便会出现较大涨幅，短时间内股价就能上涨到较高位置。所以，短线投资者可以把"半山腰"看作买入信号。然而"半山腰"也存在着一定的风险，当多方力量被耗尽时，空方就会开始发力，股价会迅速下滑。利用这种形态来获利的股民朋友，一定要快进快出，介入前便制订好投资计划，以免被套在其中。

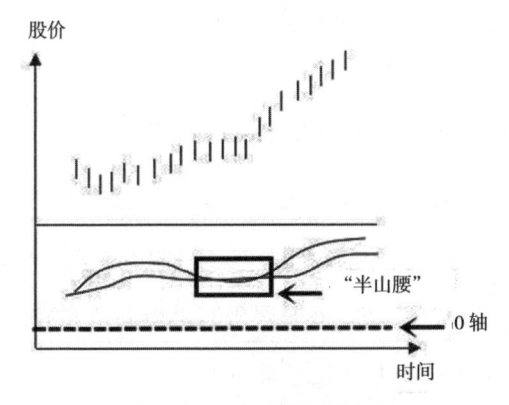

图 7-16 半山腰示意图

例如，壹桥海参[1]（股票代码：002447）的 MACD 指标在 0 轴之上向上运行一段时间之后，DIFF 指标和 DEA 指标在距 0 轴较远的地方重合横向运行，形成了比较典型的"半山腰"形态，随后该股开始持续走高。如果股民朋友对"半山腰"形态比较敏感，那么就能够吃到一段上涨行情，从而扩大自己的获利空间（图7-17）。

---

[1] 壹桥海参于 2016 年 10 月 10 日更名为壹桥股份，于 2018 年 2 月 2 日更名为晨鑫股份，2020 年 7 月又更名为 *ST 晨鑫。

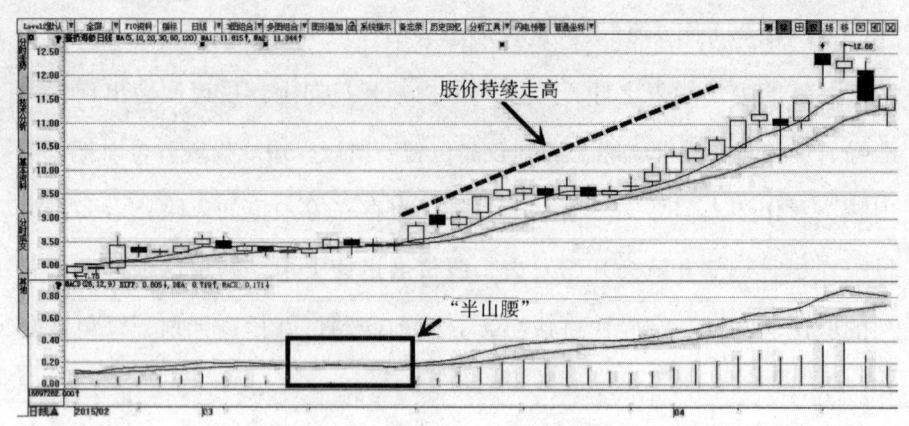

图 7-17　2015 年 2 月～5 月壹桥海参 K 线图

（四）"双线合一"出现时的注意事项

在 MACD 指标中出现"山谷底"形态，适合追求安全、低风险的中长线投资者；而出现"半山腰"形态适合喜欢冒险、追求高利润的短线投资者；若出现了"双线合一"，表示该股票极有可能向上突破，股民朋友这时可以在场外观望，等张口向上延长时再介入。

MACD 指标出现"双线合一"形态的股票一般都有很强的上涨潜力，但若股价出现下滑，跌幅力度也会相当大，需要股民朋友多加注意。

第八章 ◉ 如何利用成交量指标分析 K 线

所谓量价关系，是指成交量与股价之间的关系，体现在 K 线图上，就是成交量与 K 线之间的关联。在股市中永远是量在价先，成交量是控制和影响股价运行趋势的关键杠杆。如果股民朋友只研判 K 线的走势，而不考虑成交量的变化情况，投资风险将大幅增加。

一、成交量

成交量是指一个单位时间内对某项股票交易成交的数量。股票市场的实质，其实就是多空力量间的相互作用，因此，可以说成交量是拉动整个股市行情的关键杠杆。成交量一方面体现出了市场的规模；另一方面通过对成交量的深度分析，可以预测、分析市场中资金的实力和潜力。

因此，对于股民朋友来说，了解了成交量也就了解了市场、把握了市场中的获利良机。K线拥有多种多样的形态，不同的形态所表达的具体含义不同，在这点上，成交量与K线很相似，成交量通过不同形态的构成，也能表达出不同的含义。

（一）堆量

为了便于拉升股价，主力常常会把成交量做得非常好看。如果成交量在几天或者几周内呈现出一种缓慢上涨的态势，在K线图上形成了类似土堆的形状，并且股价也随之慢慢升高，我们就把这种现象称为"堆量"（图8-1）。

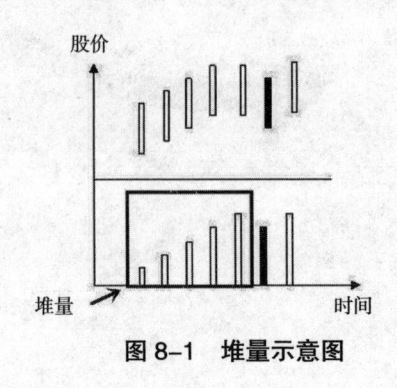

图 8-1 堆量示意图

成交量被堆得越完美，往往后市出现的上涨行情就越大；相反，在高位的堆量表示主力已经获得了足够的利润，下一步便是出货，如果股民朋友遇到这种情况，就要坚决离场，不要对后市抱有任何幻想。

例如，三一重工（股票代码：600031）在 2014 年 11 月~2014 年 12 月，于底部形成了堆量形态，并且持续了一段时间（图 8-2）。从图中可以看到，在该股形成堆量形态之后，股价开始大幅上涨。如果股民朋友能够在堆量形成的时候介入该股，那么就能坐享一波上涨行情。

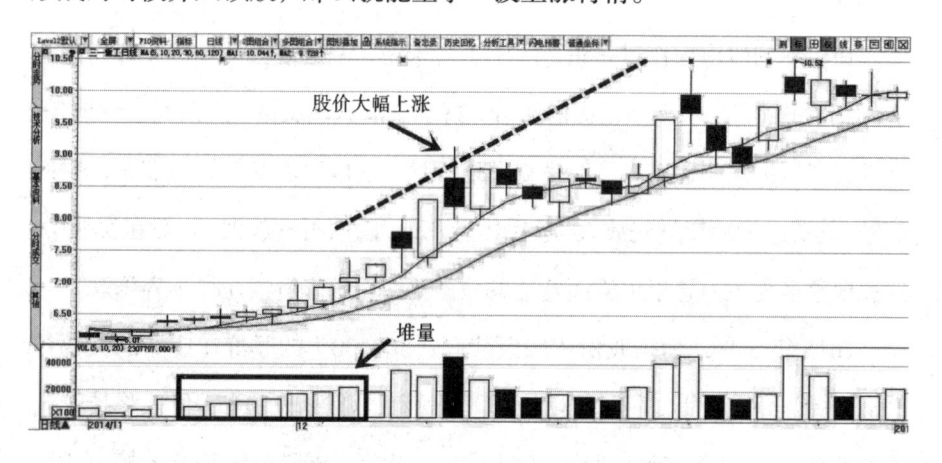

图 8-2　2014 年 10 月~12 月三一重工 K 线图

（二）放量

一般情况下，放量形态都发生在市场趋势转折处，市场中不同的力量对后市分歧越来越大，一部分人对后市持有坚决看空的态度，而另一部分人对后市坚决看好。因此造成了在一部分人大肆卖出的同时，也有人在大量买进，形成了成交量放大的现象，即所谓的"放量"（图 8-3）。

图 8-3　放量示意图

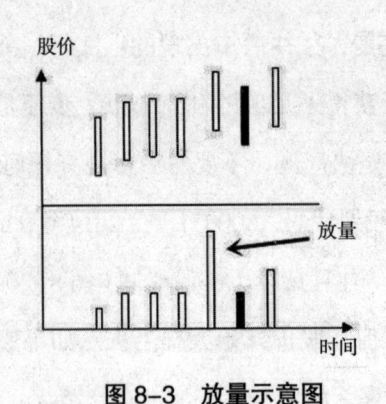

在实际的股市操作过程中，对于主力来说，制造放量是一件非常简单的事，所以放量有时会夹杂很大的水分，特别是间歇性放量。所谓间歇性放量，是指成交量虽然明显放大，但是缺乏连续性，对股民朋友来说是非常危险的信号，其特点为成交量先放大，然后休息几天，随后再度放大。一般在实战中，这种现象多为主力急于出逃而营造的诱多陷阱，后市行情往往不容乐观。

2015 年 5 月，劲拓股份（股票代码：300400）的股价在庄家的大幅拉升下快速上涨，并出现了间接性放量的现象，营造出一种股价还将持续走高的假象，导致众多跟风股民蜂拥而入。随后，该股股价开始大幅下跌，直到此时这些被套高位的股民才意识到，其实这是主力刻意营造的陷阱，间歇性放量的背后不是更多的获利，反而是巨大的亏损（图 8-4）。

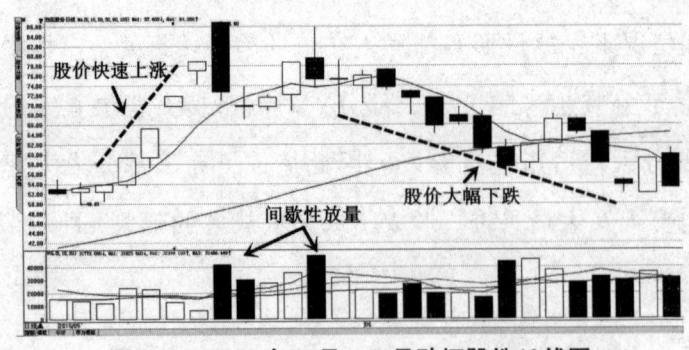

图 8-4　2015 年 5 月～6 月劲拓股份 K 线图

（三）缩量

相对于放量来说，缩量的可信度更高，主力虽然能够营造出放量的假象，但是却无法构建出缩量现象。

所谓缩量指的是市场的成交非常平淡，大部分的资金持有者对后市的行情发展看法比较统一。这种统一之中也分为两种情况：一种是统一对后市看空，股市中只有人卖，很少有人买，所以成交量急剧萎缩；另一种是统一对后市看好，股市中只有人买，很少有人卖，所以也造成了成交量的萎缩（图8-5）。

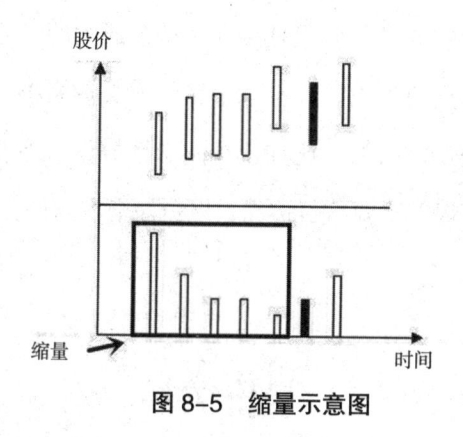

图8-5 缩量示意图

缩量一般发生在某一段趋势的中期，市场中的大部分股民对后市的看法十分统一，出现了下跌缩量的量价配合关系。此时股民朋友应该选择场外观望，等到出现放量上涨的时候再进场操作。如果遇到的是缩量上涨，那么就应该选择买进该股，持股到股价上冲乏力、有大量放出的时候再卖出筹码。

例如，2015年2月~4月，科华生物（股票代码：002022）出现了缩量上涨的现象，随后该股便开始大幅上涨。如果股民朋友熟悉这一现象，及时介入该股，那么就能在后市吃到一段较大的上涨行情（图8-6）。

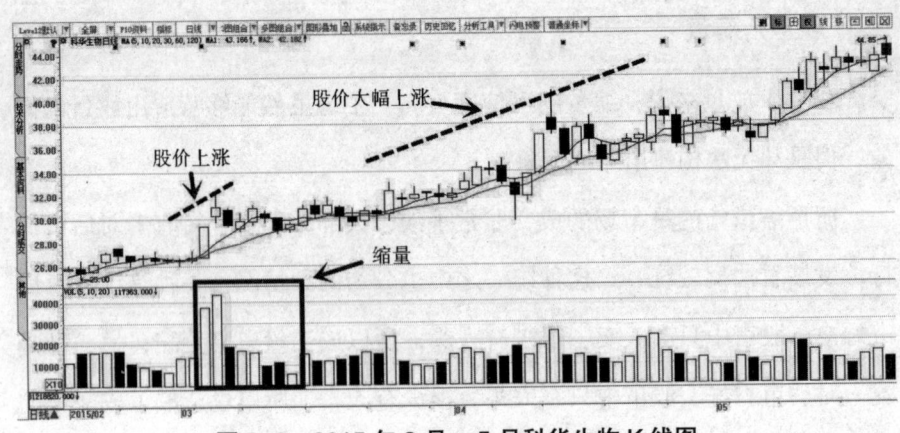

图8-6　2015年2月～5月科华生物K线图

在股市中，理想的成交量变化是温和、持续放大的，并且量价配合具有高度的默契，即成交量放大，股价就上涨；成交量缩小，股价就下跌。当量价配合十分不协调的时候，比如出现间歇性放量、缩放反差过大，股民朋友就应该提高警惕，不要盲目追高，以免被套在高位，面临损失。

二、量价关系

量价关系涵盖股市中的方方面面，它的状态不仅能够体现出市场运作的情况，还能透露出市场未来的发展趋势，股民朋友要想在股市中赚钱，就必须掌握体现市场本质的量价关系。

（一）配合默契的量价关系

通常只有配合默契的量价关系才能成为维持股市平稳运行的必要条件。配合默契的量价关系主要体现在两个方面：一是价升必有量增，价跌必有量减。一旦这一规律被打破，那么市场的运行趋势就会发生变化；二是在某一段周期内，市场中的成交量和股价之间具有相对的稳定性，也就是两者的升降保持同步，任何一方变化的速度过快，都会导致市场运行方向的逆转。

一般来说，在不同的阶段出现的量价关系变化所透露的股价未来走势信息也不同，具体可分为以下几种：

（1）在上涨的初期，如果成交量随股价上涨而放大，那么基本可以确认未来属于上涨趋势，股民朋友可以顺势跟进（图8-7）。

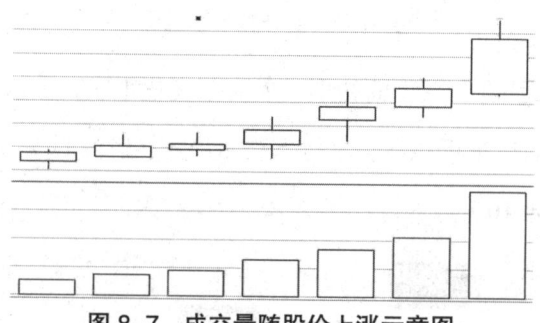

图8-7　成交量随股价上涨示意图

（2）如果股价在经过了一段大幅上涨之后，突然出现了非常大的成交量，但是股价却不能随之上涨，一般就意味着多头力量转弱，行情随时可能发生反转（图8-8）。

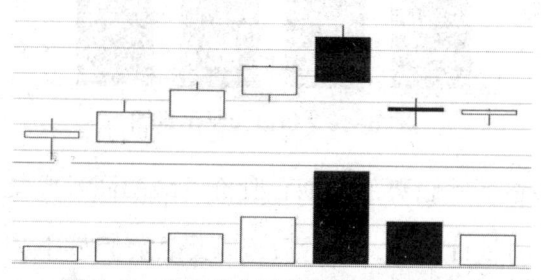

图8-8　成交放大同时股价下跌示意图

（3）如果在上涨的初期，股价呈现上涨的态势，但是成交量却始终没有什么变化，形成价升量平的量价关系，那么就意味这种上涨趋势只是昙花一现，不宜跟进（图8-9）。

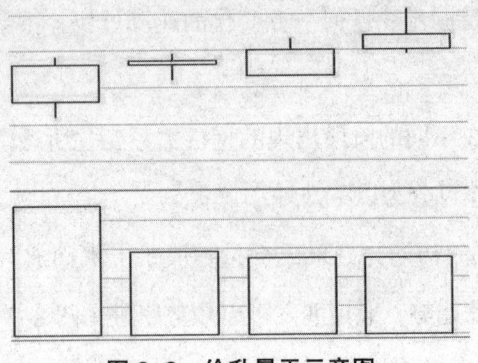

图8-9 价升量平示意图

（4）如果股价在下跌的初期，成交量变化平平，形成价跌量平的量价关系，表示后市很可能还会维持下跌的趋势，股民朋友可以进行适当地减仓操作（图8-10）。

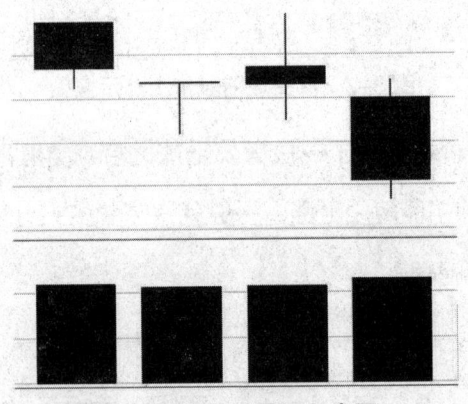

图8-10 价跌量平示意图

（5）如果在下跌趋势的初期，股价下跌的同时成交量也萎缩，呈现出价跌量缩的量价关系，表示后市跌势还将持续下去；如果这种量价关系出现在了一段下跌行情的中期，那么就表示行情可能会止跌回稳（图8-11）。

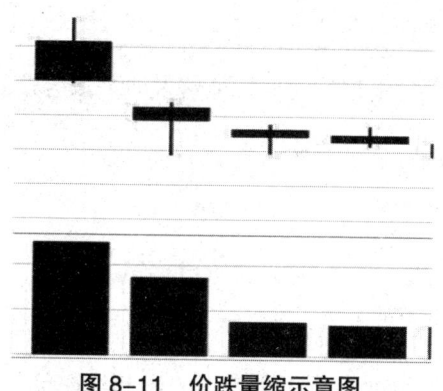

图 8-11　价跌量缩示意图

（6）如果股价在连续下跌之后，出现价格微跌，但是成交量剧增的情况，呈现出价跌量增的情况，就很可能预示着底部将要出现，股民朋友可以试探性介入；如果这种情况发生在下跌初期，那么就应果断离场，因为它预示着下跌行情还将持续（图 8-12）。

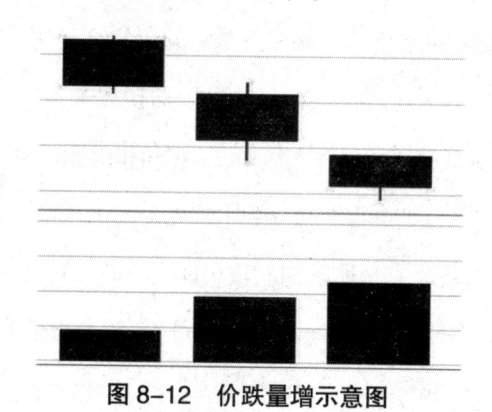

图 8-12　价跌量增示意图

（二）量价关系注意事项

透过量价关系来看股价未来的趋势，是一门实用的学问，也是股民朋友研判股市运行趋势的有效法则。在股市实战的过程中，股民朋友需要注意的是，一些量价关系有一定的可能是主力刻意营造的陷阱，其目的是为了吸引足够的资金入场，以便从中套取暴利。如果股民朋友不想落入这样的陷阱中，就必须牢记量价之间的关系，以及它们在不同阶段出现所代表的含义，从而在有异象出现的时候，能够及时采取合适的应对决策。

三、换手率

换手率属于成交量的一个细分部分，虽然成交量的细分部分很多，但是换手率却在量能技术分析中有着其他指标所不具备的重要作用。

所谓换手率就是成交量和流通股的比值。在股市中，换手率比值越高，说明市场交投越活跃，市场人气越旺；反之，则代表着市场交投比较清淡，选择场外观望的人比较多。

把换手率与股价的走势结合起来分析，就可以在一定程度上预测出股价未来的走势（图8-13）。如果某一只股票的换手率突然变大，并且成交量放大，那么就可能意味着股民在大量买进，股价很可能会出现上涨；如果某一只股票在持续上涨了一段时间之后，换手率快速升高，那么可能意味着部分已经获利的股民正在套现了结，股价随后很可能会下跌。其具体计算公式如下：

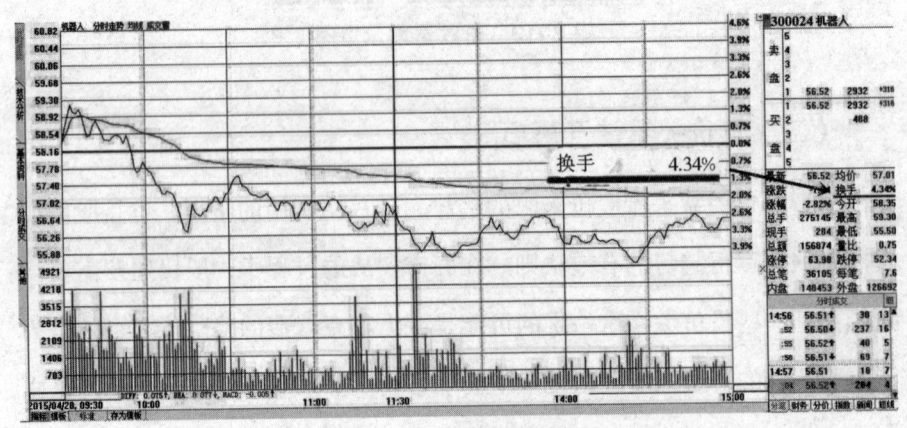

换手率=（某一段时间内的成交量÷流通总股数）×100%

图8-13 换手率示意图

在实际的股市投资过程中，根据换手率对操作的具体指导作用，可以把换手率分为三类，即观望换手率、加速换手率、高换手率。

（一）观望换手率

观望换手率指的是日换手率小于 1% 的情况。它表明某只股票目前的市场交易情况非常清淡，未来的股价变动情况十分不明朗。由于后市行情具有极大的不确定性，所以股民朋友此时最佳的选择就是在场外观望。通常观望换手率都出现在下跌行情的尾部或者是筑底的过程中，发生在顶部的概率很小。

例如，禾盛新材（股票代码：002290）2014 年 12 月 25 日的换手率为 0.58%，结合其成交量萎缩的态势可以推断出，多空双方对后市的预测没有太多把握，因此都选择了驻场观望，以时间来消磨不明朗的行情趋势。此时该股后市的走势不确定性较高，所以股民朋友应该选择在场外观望，等到态势明朗的时候再决定自己的投资策略（图 8-14）。

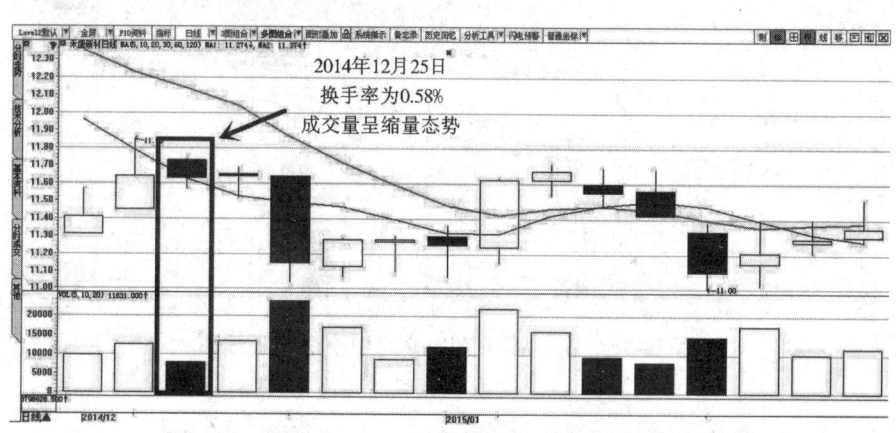

图 8-14　2014 年 12 月～2015 年 2 月禾盛新材 K 线图

（二）加速换手率

所谓加速换手率，指的是日换手率在 1%～10%。加速换手率往往说明了市场交投比较活跃，不管是卖方还是买方都比较积极，股价原有的运行态势会持续下去。如果这种情况发生在下跌行情中，那么就表明股价很有可能会加速下跌；如果发生在上涨行情的最初阶段，那么就表明股价将会加速走高，股民朋友应该选择积极跟进。

例如，中泰桥梁[1]（股票代码：002659）在经过一段时间的横盘整理后，开始小幅上涨。2014年8月19日，该股日换手率为4.06%，属于加速换手率范畴（图8-15）。从图中可以看到，当加速换手率出现后，该股股价上涨的速度越来越快，K线实体也越来越长。

需要注意的是，一般日换手率达到3%左右的时候，才是最好的买入时机，原因是3%左右的日换手率通常是短线拉升的必要条件，达不到这一换手率的上涨属于无量反弹，后市的行情很可能无法持续下去，此时更适合卖，而不适合买。

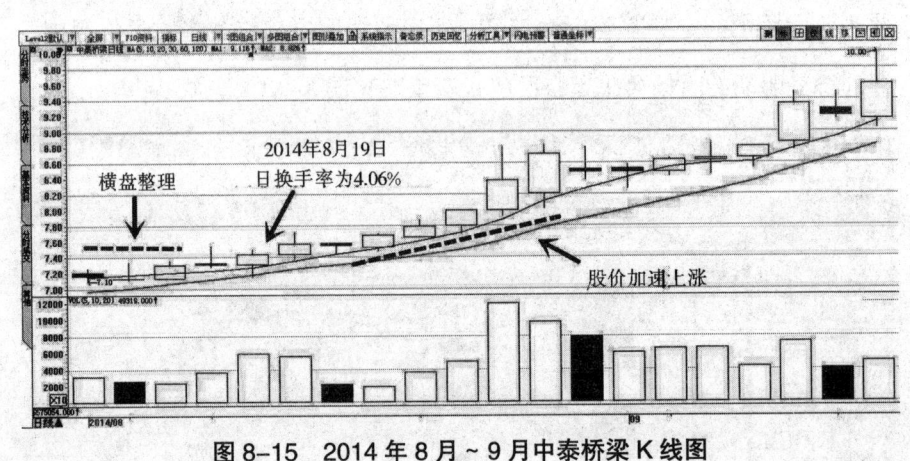

图8-15　2014年8月~9月中泰桥梁K线图

（三）高换手率

如果某一只股票的换手率达到了10%以上，就被称为"高速手率"或

---

[1] 中泰桥梁于2018年1月更名为凯文教育。

者是"逆转换手率"。这类换手率表明市场交投十分火爆，人气极度积极或者悲观，后市行情很可能会发生逆转。

在根据高换手率推测股价后市行情时，首先要做的就是判断高换手率出现的相对位置。如果在高换手率出现之前，成交量始终处于低迷的形态，然后突然放量，并且高换手率能够维持几个交易日，一般可以认为市场资金已经注入该股，这时的高换手率的可信度也比较高。

例如，太空板业[1]（股票代码：300344）在经过一段时间的底部横盘后，于2015年3月27日~3月31日，成交量逐步放大，日均换手率高达22.74%，形成了连续高换手率的现象（图8-16）。从图中可以看到，在该股连续出现高换手率后，其股价持续上涨，并没有出现下跌的征兆。如果股民朋友能够及时介入，就能坐享一段上涨行情，从而扩大自己的获利空间。

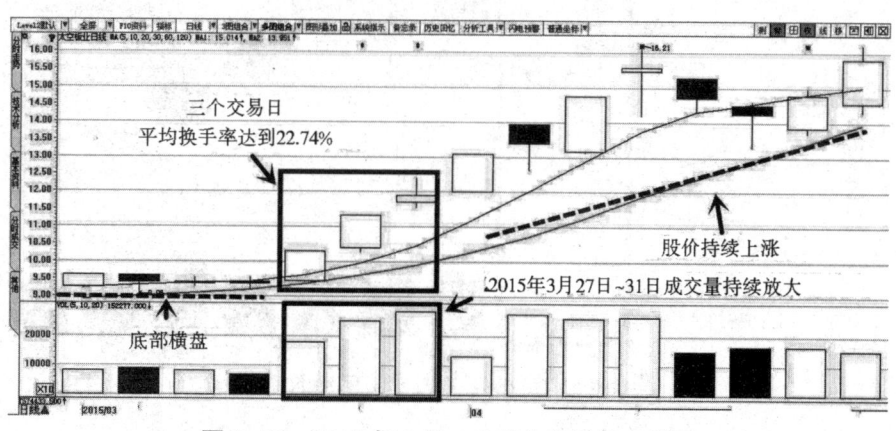

图8-16　2015年3月~5月太空板业K线图

（四）利好出尽是利空

如果高换手率出现在高位区域，并且成交量突然放大，那么股民朋友

---

[1] 太空板业于2018年3月21起更名为太空智造，又于2021年1月更名为立方数科。

就要当心了，因为这种现象往往意味着后市股价会出现大幅下跌。通常这种情况都伴随着利好消息的出现，此时，获利盘会想方设法出局，这也是股市中所谓的"利好出尽是利空"。对于这种情况下的高换手率，股民朋友应该谨慎对待。

例如，2015年4月8日、9日永贵电器（股票代码：300351）的日均换手率高达22.20%，此时该股的股价已经明显处于高位。通常来说，在高位出现高换手率，并且成交量放大，意味着后市很有可能会出现大幅下跌的态势，事实证明，该股此后确实出现了连续下跌。如果股民朋友没有及时将手中的持股抛出，那么就会因为后市的下跌行情而蒙受巨大的损失（图8-17）。

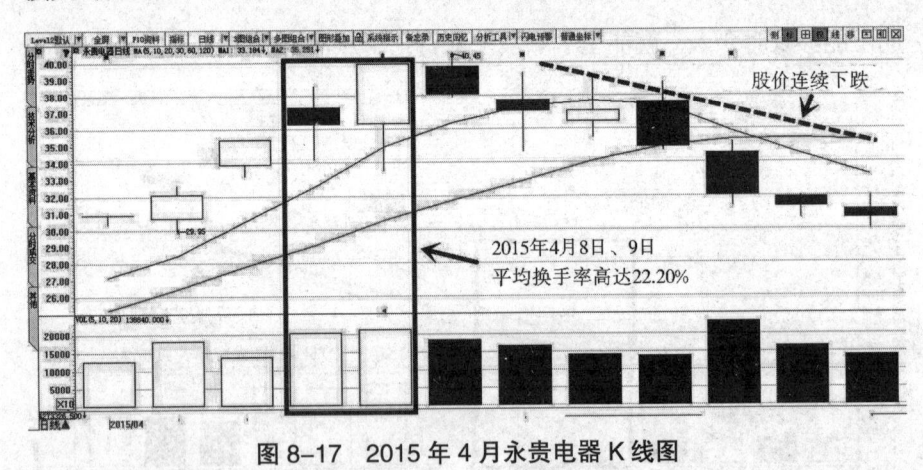

图8-17　2015年4月永贵电器K线图

（五）换手率注意事项

对于股民朋友来说，不管是哪一种类型的换手率，都隐含着一定的风险。比如换手率连续几个交易日都在10%以上，并且前期累积的涨幅很大，那么后市就可能会出现下跌行情。因此，对于股民朋友来说，比起熟知各种类型的换手率，更重要的是学会结合实际情况运用换手率。

四、地量

在股市中，人为刻意营造 K 线走势事例屡见不鲜，骗钱、骗指标的现象无处不在，以至于很多股民都经受过这类事情的"摧残"。那么，究竟有没有一种指标可信度高、又极具参考价值且没有欺骗性呢？答案是肯定的，那就是地量。

（一）地量地价

一般来说，在股价持续下跌一段时间后，市场人气变得十分低迷，利空消息不断传出的时候，比较容易出现地量，由于此时股价已经下跌了一段时间，大部分想要抛出持股的股民已经完成了抛售，而一部分鉴定持股的股民也没有卖出的打算，抛压变得越来越小，买盘也是寥寥无几，因此，成交量呈现出极度萎缩的情况，也就形成了所谓的地量（图 8-18）。

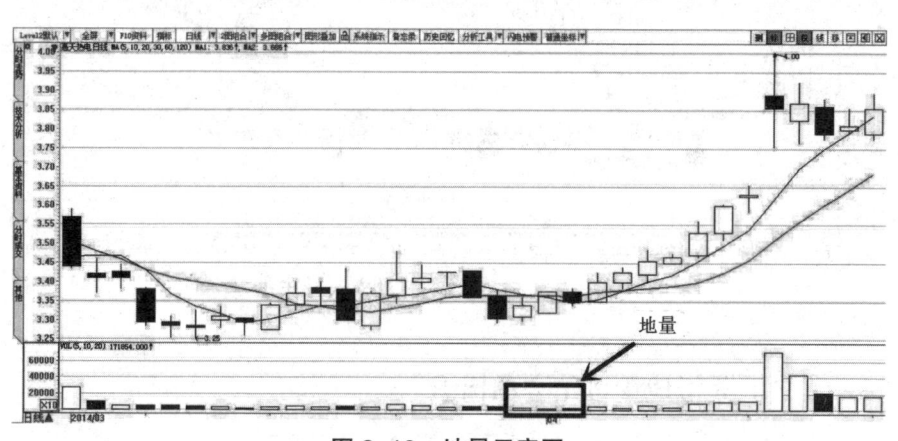

图 8-18 地量示意图

在股市中，有一句流传颇广的话：地量地价。也就是说，当成交量萎缩到了极致，不能再萎缩下去的时候，股价也就离见底不远了。因此，地量一般是原始空头市场结束的标志之一，也是中、长线股民针对个股建仓的最好时机。

很多股民都知道"地量地价"这个道理,但是大部分人却不会正确的运用,判断不出此时出现的究竟是不是地量。其实,地量只是一个相对概念,是对于大盘处于高位的天量而言的。对于股民朋友来说,判断地量其实有一个十分简单的方法,即:如果底部的成交量缩至底部最高成交量20%以下,那么股价就很有可能会见底。

例如,在经过一段时间的下跌后,惠天热电(股票代码:000692)于2014年3月12日以3.25元的价格见底,并且成交量极度萎缩,形成地量形态。之后该股在经过一段时间地底部蓄能后,股价便开始大幅回升,成交量也开始逐渐放大(图8-19)。

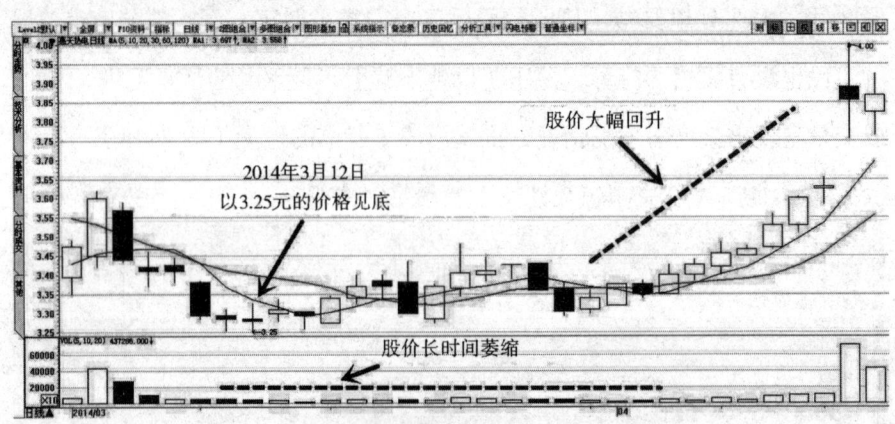

图8-19 2014年3月~5月惠天热电K线图

(二)分析地量可结合的因素

股民朋友在分析地量的时候,可以结合个股实际情况、市场趋势、K线形态三个基本因素来增加自己的判断的准确性。

1. 个股实际情况

在对个股的地量进行分析的时候,一定不要忽视对个股基本情况的分析。对个股基本情况的分析主要是了解个股出现地量的原因，针对不同的原因采取不同的应对方式。

2. 市场趋势

如果市场的整体趋势是向上运行的时候，股民朋友可以选择在有温和放量的股价上涨的过程中买进；如果市场的整体趋势是向下的，股民朋友就不能盲目跟进了，此时要分析具体的个股情况，因为在弱势行情中，地量之后很可能还会出现地量。

3. K线形态

如果在地量出现的时候，股价也形成了具有强烈反弹预示作用的底部形态，比如V形底、岛形底等，这时候股民朋友就可结合K线形态与地量出现的位置来选择买进的位置。

地量是无法伪造的，几乎不存在什么水分，所以地量对股民朋友来说，是一个可信度非常高、也非常具有实用性的数据。但在实际的股市投资过程中，也要注意将K线形态与地量结合使用，以便提高判断的准确率。

五、天量

股价在经过一段较长时间的上涨之后，交投变得异常活跃，利好传闻此起彼伏，市场人气极其旺盛。这时的股价上涨会引发股民大规模地获利回吐和恐慌性抛售，成交量急速放大，股价随后也会出现大幅下滑，此时巨大的成交量就是所谓的"天量"。

（一）如何判断成交量是否属于天量

一般来说，突破历史纪录的巨大成交量，也就是天量，往往都出现在股票发生反转走势的时候，这是因为市场要及时对非理性的股价作出修正（图8-20）。因此，通常天量出现的时候，也就是中、长线股民出局的时候。

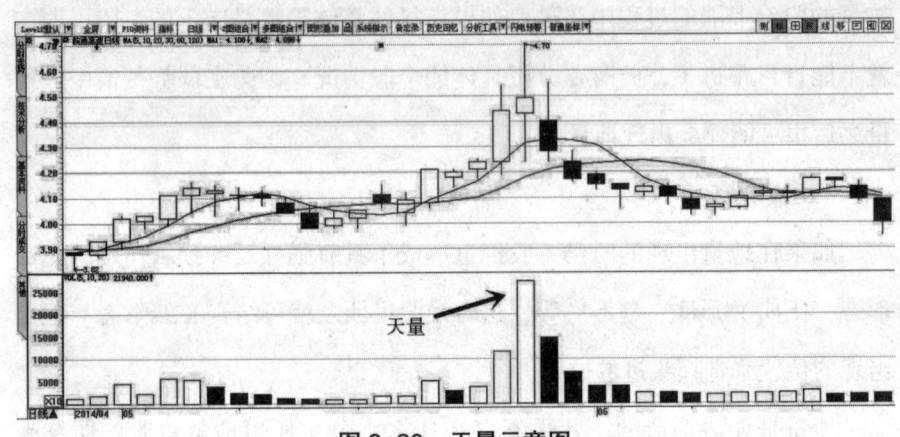

图8-20　天量示意图

知道了天量的意义，那么又应该如何判断成交量的形态是否属于天量呢？股民在成交量放大的时候，判断此时的成交量是不是天量是一件比较困难的事，因为经常会出现当时成交量很大，但是过了几天又放出更大成交量的情况。

从以往的股市实际投资经验来看，当天量出现的时候一般都会具备以下的几个条件，股民朋友可以通过这些条件来判断成交量是否属于天量：

（1）一般在天量出现之前，股价都已经历过连续的上涨，并且上涨幅度很大，当前股价已经运行到了一个比较高的位置。

（2）股价在经过一段时间的大幅上涨后，已经处于上涨乏力期。

（3）市场人气异常旺盛，交投行为十分活跃，利好传闻满天飞。

（4）换手率连续几日保持在高速换手率范畴内。

例如，永清环保（股票代码：300187）于 2014 年 9 月 9 日放出天量，此时最高价格为 37.99 元，虽然该股在随后的下跌过程中形成了反弹行情，但是却没有一次能够真正撼动股价下滑的大趋势。至 2014 年 11 月 13 日，该股已下跌至 20.48 元，相较于天量出现时的价格，跌幅达到了 46.09%。也就是说，如果股民朋友无法在天量形成时尽快出局，那么拖得越久，承受的损失就会越大（图 8-21）。

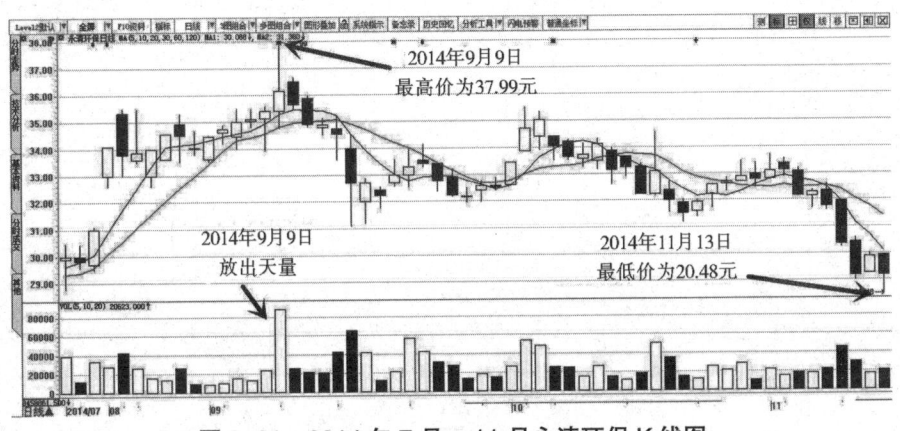

图 8-21　2014 年 7 月~11 月永清环保 K 线图

（二）天量出现时的注意事项

天量一旦出现，往往意味着股价即将见顶，所以此时正是中、长线股民套现了结、"落袋为安"的好时机。不过，天量出现虽然对中、长线投资者来说是一个出逃信号，但对于短线投资者来说，也是一个非常好的套利机会。因为在天量出现后，股价往往还会有一段上涨行情出现，如果过早地抛出不利于将自己的利益最大化。

因此，股民朋友可以在第一次出现巨大成交量的时候，适当地抛出手中的筹码，等成交量再度创新高的时候再抛出余下的筹码。这样的操作不但降低了可能遇到的风险，也能拓展获利的空间。

股民朋友在利用天量打开自己的获利空间时，一定要策划好止损方案，一旦出现判断失误的情况，就要严格按照预定的止损方案来操作，关键时刻即使采用"壮士断腕"的方法减小自己的损失，也不能任亏损最大化。

第九章 ◉ 如何利用其他指标分析K线

股民朋友在研究分析股票和大盘K线走势图时离不开技术指标。了解和熟练运用各种技术指标，可以让股民朋友学会如何赚钱、如何规避风险，对股市投资有着重要的意义。

一、能量潮指标

能量潮指标又称 OVB 指标。它的理论依据是，股价的上涨或下跌是依靠资金能量的不断注入或撤出来完成的。能量潮指标可以体现出股价何时会突破及盘整后的突破方向，有着较大的实战参考价值。

（一）能量潮指标基本知识

能量潮指标是将成交量量化，制成以"N"字形为波动单位，并且由许许多多的"N"形波构成的图表。在能量潮图表中，出现一浪比一浪高的"N"形图，被称作"上升潮"，在"上升潮"中的下滑称作"跌潮"（图9-1）。

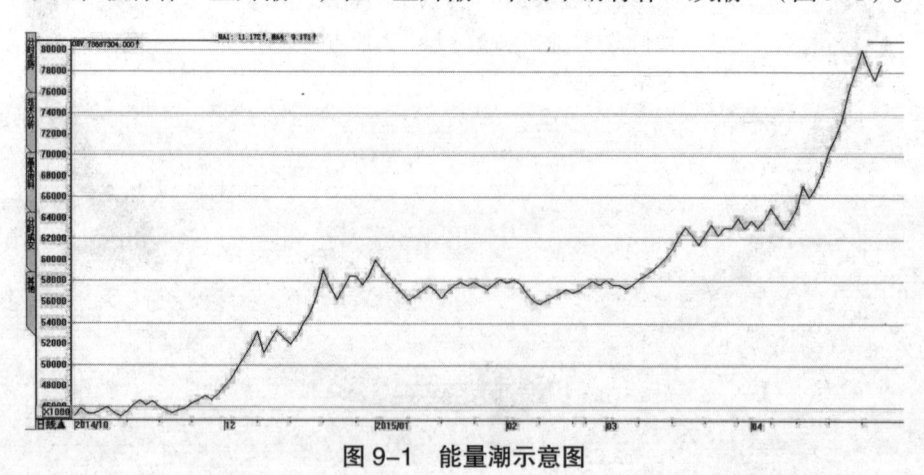

图 9-1　能量潮示意图

如果股票价格下跌，能量潮指标上升，可以看作买入信号；如果股票价格上涨，能量潮指标缓慢上升，也可以看作买入信号。

如果股票价格达到新的高点，但能量潮指标并没有创造新高，可以看作卖出信号；如果股票价格下滑到新低点，但能量潮指标并没有创造新低，可以看作买入信号。

能量潮中的"N"字形波在底部区域长时间横盘，而后突然上升，可以看作买进信号。

例如，碧水源（股票代码：300070）于2015年1月中旬~3月中旬出现了股价下跌的同时能量潮指标上升的现象，在这段时间内，该股曾于2月6日以31.60元的价格触底，之后股价反转上涨，虽然在上涨的过程中出现了回落调整，但是没有影响其整体上扬的趋势。至2015年5月12日，该股最高价达到了53.80元，如果股民朋友能在能量潮指标与股价出现相反走势的时候积极买进该股的话，就能吃到一段涨幅为70.25%的行情（图9-2）。

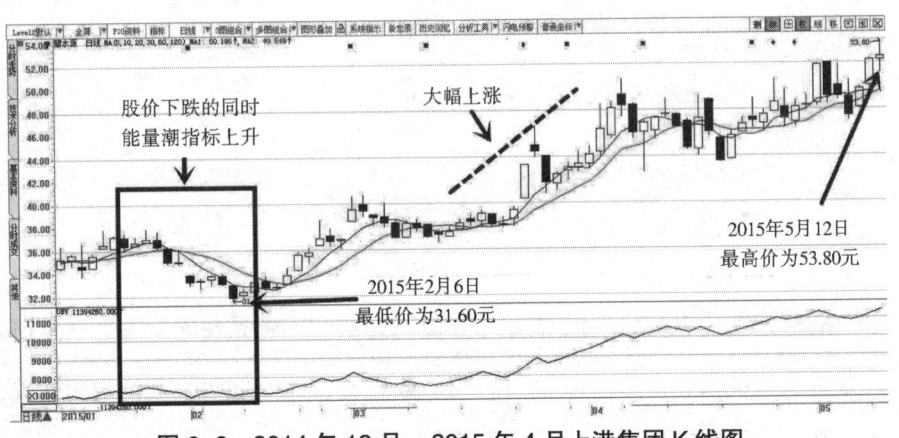

图9-2　2014年12月~2015年4月上港集团K线图

又如，2013年12月至2014年11月这段时间内，鼎汉技术（股票代码：300011）出现了股价缓慢上升的同时能量潮指标也在缓慢上升的现象。虽然股价在上涨的过程中出现了多次回落调整，但是在能量潮指标的配合下，其总体上升趋势没有发生本质变化（图9-3）。

图9-3　2013年12月~2014年11月鼎汉技术K线图

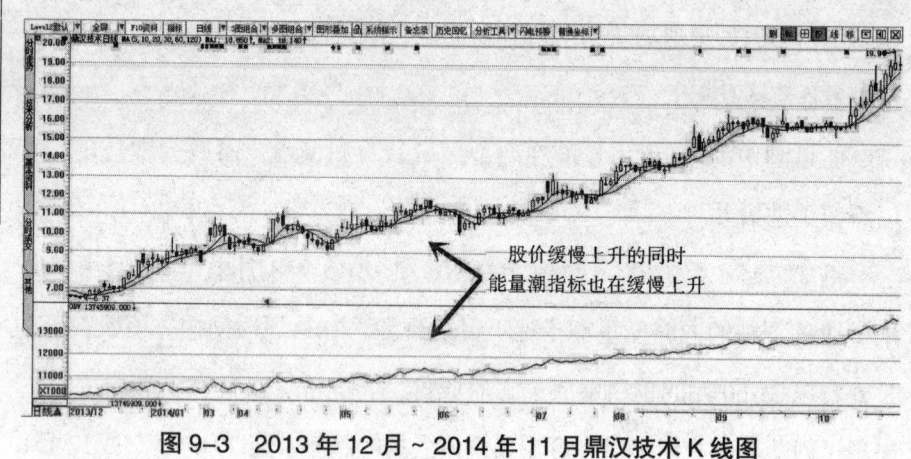

（二）能量潮指标注意事项

能量潮指标适用于中短线操作，但不适用于长线操作。同样的，在使用能量潮指标时，要注意与其他指标相结合，以提高准确度。

二、威廉指标

威廉指标（W&R）用于表示市场处于超买状态还是超卖状态。它从研究股价波幅出发，分析一段时间内股票最高价、最低价和收盘价之间的关系，判断出股票市场属于超买或是超卖状态，来反映市场买卖的强弱。

威廉指标可分为5分钟、15分钟、日、月、年等各种周期，在计算前要先决定计算参数，通常所选用的买卖循环周期为8日、14日、28日或56日等。每周两天的休市时间，实际交易日是6日、10日、20日或40日等，取一半的时间3日、5日、10日或20日等。利用威廉指标能比较准确地判断出市场是空头市场还是多头市场，股民朋友可以此规划出整体的投资方向，对于实际操作具有重要意义。

（一）威廉指标基本知识

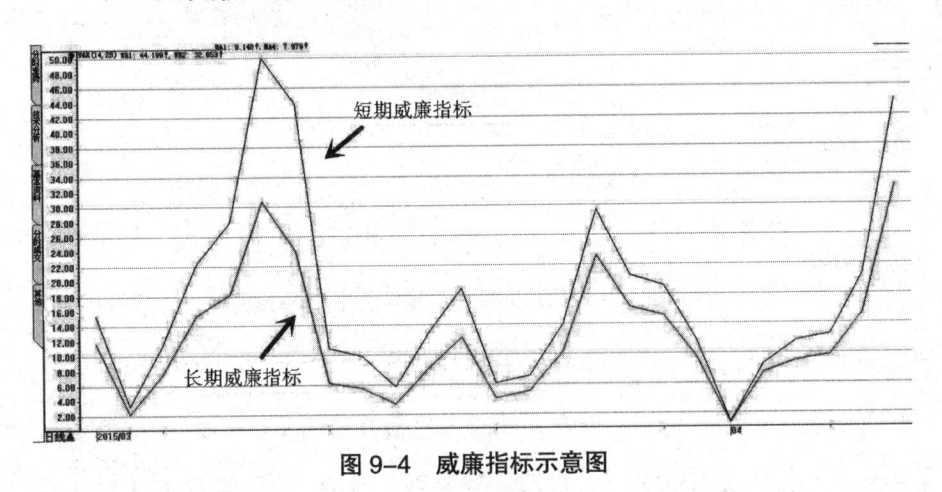

图 9-4　威廉指标示意图

威廉指标由两条指标线组成，即长期指标和短期指标（图 9-4）。如果短期威廉指标小于长期威廉指标，说明市场状态属于空头市场；如果短期威廉指标大于长期威廉指标，说明市场状态属于多头市场。

短期威廉指标在高位区向下穿过长期威廉指标时，称作"死亡交叉"。出现"死亡交叉"后，两指标并行向下，表示股票价格将持续下跌，可以看作卖出信号；短期威廉指标在低位区向上穿过长期威廉指标时，称作"黄金交叉"。出现"黄金交叉"后，两指标并行上向，表示股票价格将继续上涨，可以看作买入信号。

例如，2015 年 1 月 30 日，中科电气（股票代码：300035）的威廉指标形成了"黄金交叉"形态，此时该股最低价为 8.76 元。经过威廉指标"黄金交叉"的"滋润"后，该股开始几乎没有回调的上涨，至 2015 年 5 月 5 日，该股最高价已经达到了 17.90 元，期间涨幅高达 104.34%（图 9-5）。

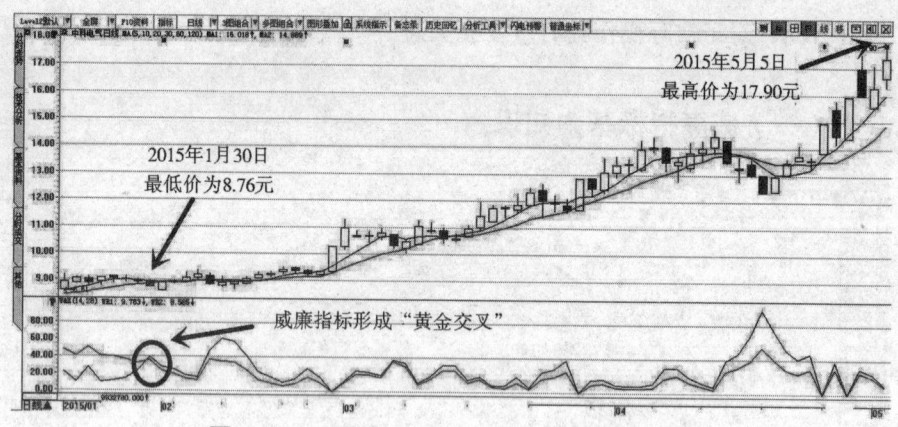

图9-5　2015年1月~5月中科电气K线图

又如，2014年10月31日，上海佳豪[1]（股票代码：300008）的威廉指标形成了"死亡交叉"形态，此时该股最高价为16.14元。在威廉指标形成"死亡交叉"形态后，该股一路下跌，至2015年12月30日，其最低价已滑落至11.39元，期间跌幅达到了29.43%（图9-6）。

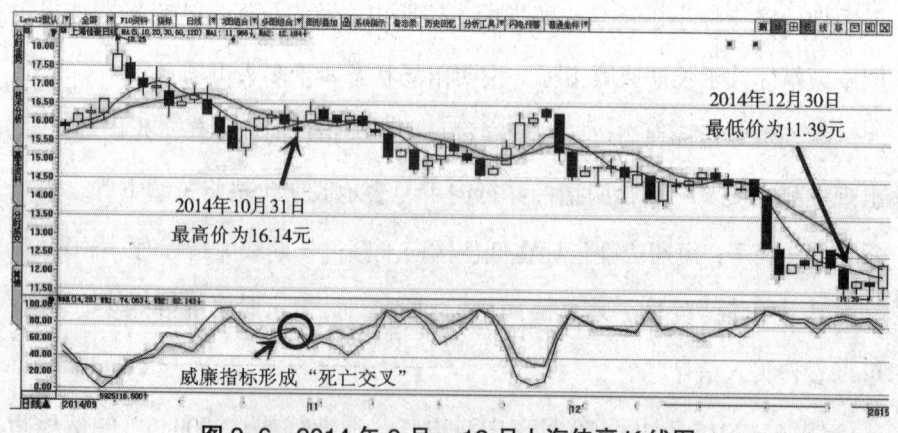

图9-6　2014年9月~12月上海佳豪K线图

（二）威廉指标注意事项

（1）威廉指标适用于短线投资。

---

[1] 上海佳豪于2016年5月25日起更名为天海防务。

（2）与威廉指标在单一周期发出的买卖信号相比，其在不同周期发出的买卖信号更强烈，准确度更高。

三、宝塔线

宝塔线又被称为 TOWER 指标，它可以用不同颜色的棒线来划分股价的涨跌，将多、空之间的力量转换体现在图表中。宝塔线以收盘价为基准，当股价上涨时，用白线表示；当股价下跌时，以黑线来表示。股民朋友可以借助图表中的棒线颜色是白线还是黑线，判断出股价未来的变化及趋势。

（一）宝塔线基本知识

当宝塔线指标图表中出现白线后，股票的后市价格可能会延伸出一段上涨行情，股民朋友可将这种现象看作买进信号；当宝塔线指标图表中出现黑线后，股票的后市价格可能会延伸出一段下跌行情，股民朋友们可将这种现象看作卖出信号（图9-7）。

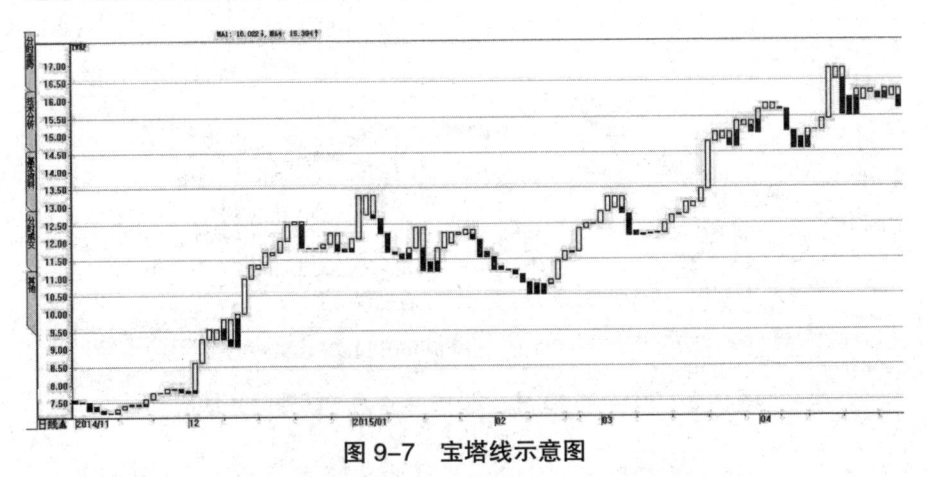

图9-7　宝塔线示意图

当宝塔线指标在股票价格处于高位阶段出现了长黑线并向下突破时，股民朋友应立即卖出手中股票。而当股市行情处于盘整阶段时，宝塔线指标往往出现小幅翻白或者翻黑的现象，这种情况是可以忽略不计的。

宝塔线的时间参数一般设置为3~5日，当收盘价较之前的3~5个交易日的最高价还高时，是一种强烈的买进信号；当收盘价较之前的3~5个交易日的最低价还低时，可视作卖出信号。

例如，华能国际（股票代码：600011）在经过一段底部横盘行情后，宝塔线翻白，可视为买进信号，此时股民朋友可以选择入场。随后在经过一段上涨行情之后，宝塔线翻黑，出现了卖出信号，此时股民朋友可以择机卖出。当股价下跌了一段高度后，MACD指标出现"金叉"形态，股民朋友可以在这时积极买进。在经过了一段时间的缓慢爬升后，股价向上发力，宝塔线此时拉出了一根长白线，同时MACD指标也已经向上穿过0轴，并且形成了"拒绝死叉"形态，说明市场已经被多方控制，后市将会转好，随后股价果然大幅扬升（图9-8）。

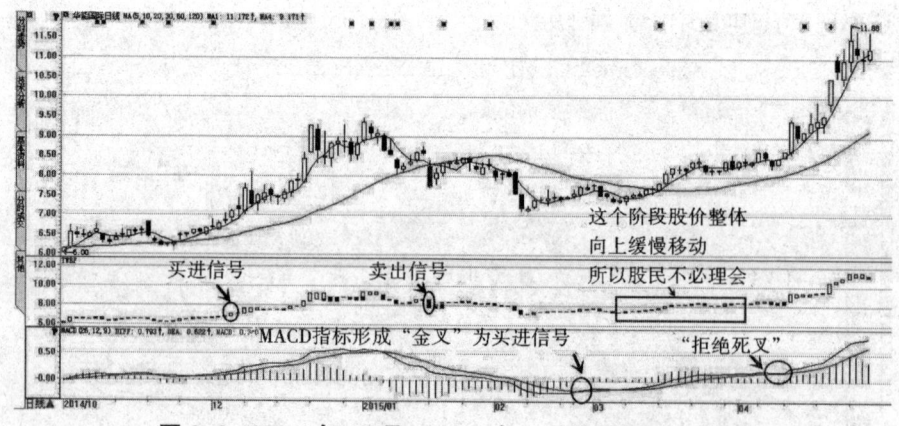

图9-8　2014年10月~2015年4月华能国际K线图

（二）宝塔线注意事项

（1）宝塔线有一定的"过滤"功能，但它也和其他技术指标一样，无法躲避骗线风险。

（2）宝塔线以白线和黑线来区分股价的涨跌趋势，黑线棒线进入翻白状态时就是买入信号，白色棒线进入翻黑状态时就是卖出信号。

（3）宝塔线在使用过程中，无法避免骗线现象。所以在实际操作中，股民朋友要结合K线或其他技术指标综合分析，提高预测的准确性。

四、多空指标

多空指标简称BBI，是一种将不同日数移动平均线加权平均之后的综合指标。由于多空指标综合了多个移动平均线的数值，因此得到的数值更为准确、客观。它融合了移动平均线的优点，弥补了移动平均线的缺点。

多空指标是针对普通移动平均线指标的一种改进。许多股民喜欢利用移动平均线判断市场行情，但使用这种分析方法有较大的缺陷，即不能有效地解决不同周期移动平均线之间的协调问题。多空指标可成为弥补这一缺陷的重要工具，如果股民朋友熟练掌握了多空指标的使用方法，便可大幅降低风险，提升预测的准确性。

（一）多空指标基本知识

股价位于多空指标上方时，视为多头市场，在多方的推动下，股票价格极有可能进入上涨趋势中，此时可试探性介入股票，在股价上涨时及时跟进；而股价位于多空指标下方时，视为空头市场，后市行情并不乐观，股票价格极有可能进入下降通道，此时应进行清仓或减仓（图9-9）。

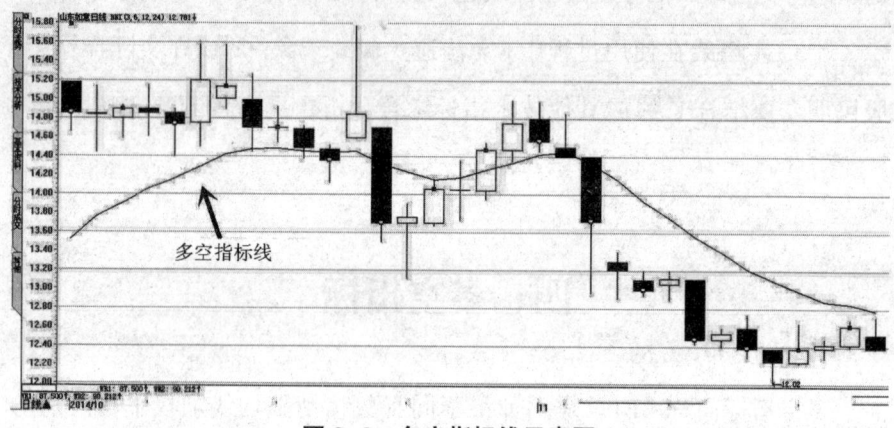

图9-9 多空指标线示意图

例如，乐视网[1]（股票代码：300104）在经过一段时间的下跌后，股价跌落到多空指标线下，随后又触底回升，并于2015年4月22日向上突破多空指标线，同时该股的MACD指标也形成了"金叉"形态，这对于股民朋友来说是一个绝佳的买进信号，此时该股最高价为45.22元。之后的一段时间里，该股始终运行在多空指标线之上，并且MACD指标呈现出多头排列的态势。至2015年5月13日，该股最高价格已经达到89.50元，也就是说，如果股民朋友能够在股价向上突破多空指标线的时候买进该股，再以89.50元的价格卖出，就能享受97.92%的涨幅（图9-10）。

---

[1] 乐视网于2020年5月15日起退市。

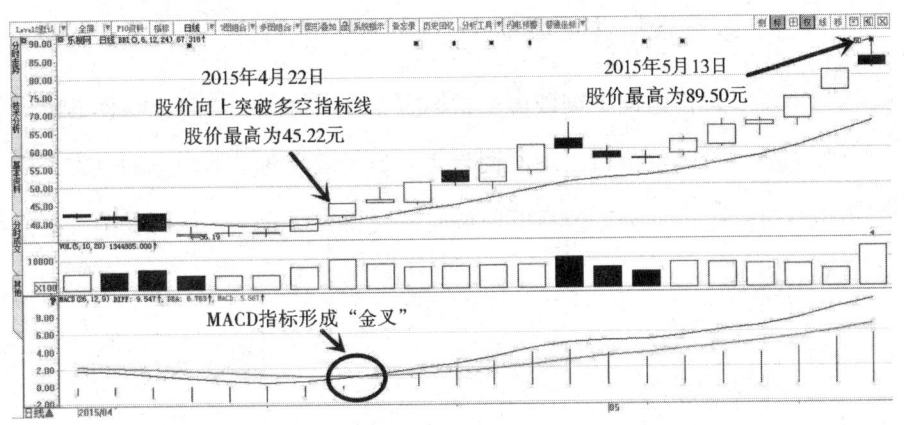

图 9-10　2015 年 4 月~6 月证通电子 K 线图

又如，华谊嘉信[1]（股票代码：300071）在经过一段时间的上涨后，股价已经到了一个相对较高的位置，当该股触顶后，便开始大幅下跌。2013 年 10 月 11 日，该股跌破多空指标线，同时 MACD 指标形成"死叉"形态，对于股民朋友来说这是一个可信度比较高的卖出信号。当该股跌破多空指标线的时候，股价最高为 17.05 元，而到了 2013 年 11 月 11 日，该股股价已经下跌至 11.49 元，期间跌幅达到了 32.61%。如果股民朋友在看到卖出信号的时候，依旧对该股抱有幻想，那么最终的结果就是遭受巨大的损失（图 9-11）。

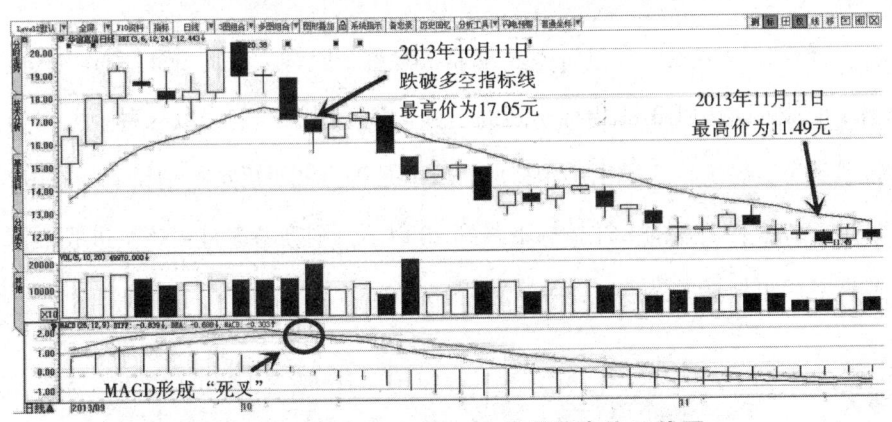

图 9-11　2013 年 9 月~12 月华谊嘉信 K 线图

[1] 华谊嘉信于 2021 年 4 月 28 日起更名为 *ST 嘉信。

（二）多空指标注意事项

当出现股票价格向上突破多空指标后直接运行到远离多空指标的位置时，如果第二天股票价格出现回调趋势，却仍运行在多空指标的上方，则后市也有可能走出弱势。但只要回调时成交量相应减少，便可在第一次回调时介入股票。

五、相对强弱指标

相对强弱指标（RSI 指标）是判断买卖双方力量强弱的一种技术分析指标。通过计算一定时间周期内的股价平均收盘涨数、平均收盘跌数以及两者之间的变化关系，可以分析出市场买卖双方的力量是强还是弱，以及股价未来的走向趋势是什么样的。

（一）个股和大盘的RSI指标

通常，很多股民和投资专家都非常看重个股和大盘的 RSI 指标。往往当个股或者大盘的 RSI 指标出现高位钝化现象时，他们会以这种现象作为技术参考，决定是否抛出手中持股，或者是否应该对后市行情持看空态度。如果个股或者大盘的 RSI 指标下跌到 20 以下，则会考虑是否该买进股票，或者对后市持看多态度（图 9-12，图 9-13）。

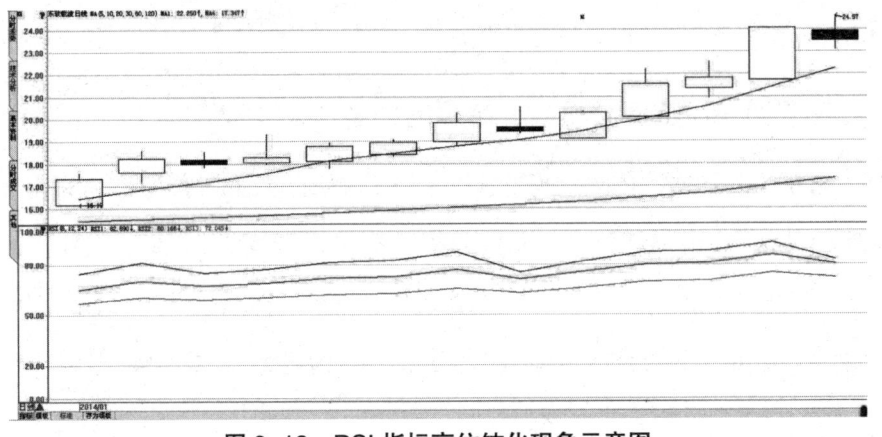

图 9-12　RSI 指标高位钝化现象示意图

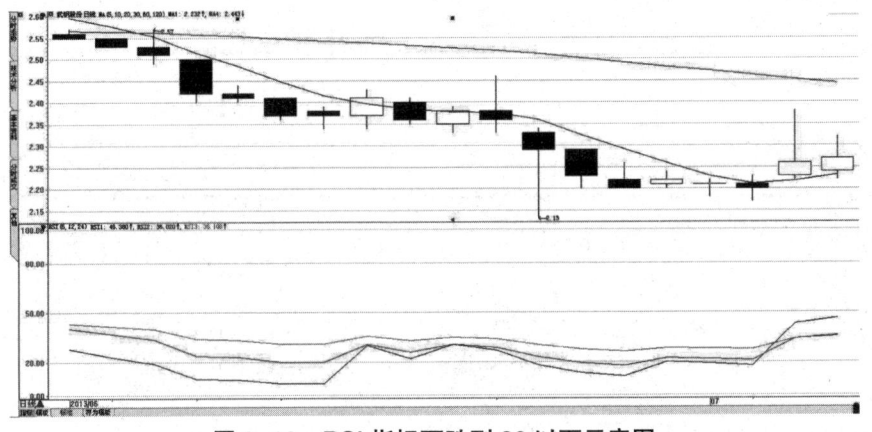

图 9-13　RSI 指标下跌到 20 以下示意图

（二）超买和超卖

对于股票来说，出现了过度地买进现象，就被称为超买，如果出现了过度卖出现象，则被称为超卖。在实际的股市投资过程中，经常会出现因为某些消息的流传，致使股民对大盘或者个股作出十分强烈的反应，从而导致股价或者股指过度上涨或者下跌的情况出现，于是便形成了超买、超卖现象。当股民恢复理智，情绪稳定下来以后，超买、超卖造成的影响就会逐步平息下来。因此，通常在超买现象出现后，股价或者股指会回落调整；在超卖现象出现后，股价或者股指会形成一定程度的反弹。

（三）RSI指标与超买、超卖的关系

RSI指标能非常明显地展现市场是处于超买状态还是超卖状态。一般来说，可以将RSI指标中70以上的区域视为超买区，30以下视为超卖区。如果市场行情变化比较剧烈，或者有非常明显的迹象表明能够形成趋势行情市场，就可以将80以上的区域视为超买区，20以下的区域视为超卖区（图9-14，图9-15）。

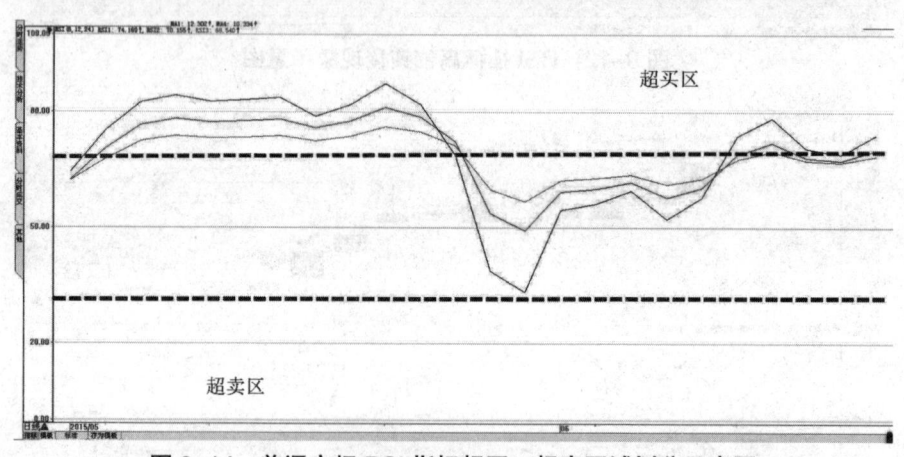

图9-14 普通市场RSI指标超买、超卖区域划分示意图

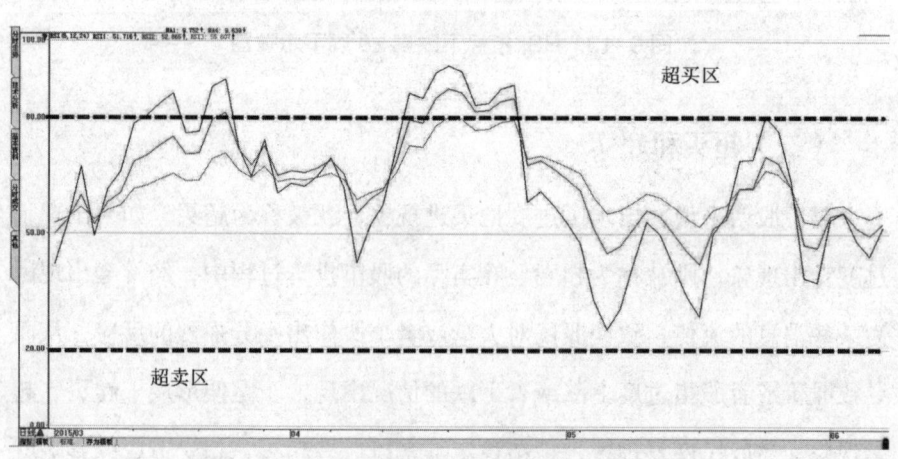

图9-15 RSI指标超买、超卖区域划分示意图

（四）RSI指标钝化

RSI指标虽然具有能够领先其他技术指标，提前给予股民朋友买卖信号的优点，但是新股民朋友在实际的使用过程中需要注意，RSI指标也有可能会发出误导信息。RSI指标作为技术分析指标的一种，其实际的存在意义只是从某一个角度观察市场后，给予辅助参考信号，这并不意味着市场一定会按着RSI指标的指示发展。特别是在市场行情发生剧烈震荡的时候，新股民朋友万万不可单一地凭借RSI指标发出的信号来进行买卖操作。

在牛市和熊市发展的过程中，RSI指标经常会上升到90以上的区域或者下跌到10以下的区域，这就是所谓的RSI指标钝化，此时RSI指标所给出的信号，就极有可能是误导信息；如果新股民朋友此时按照RSI指标投资，就很有可能会错过套利良机或者被套在高位。

例如，2015年3月末山东钢铁（股票代码：600022）结束横盘走势，多头开始发力上攻。但是此时RSI指标却发生了十分戏剧性的变化，多头才刚开始发力，RSI指标就上升到80以上的区域，发出卖出信号，此时如果新股民朋友过度依赖RSI指标，不结合其他技术指标进行综合分析，急于卖出手中持股，就会错失一段上涨行情，事后一定追悔莫及（图9-16）。

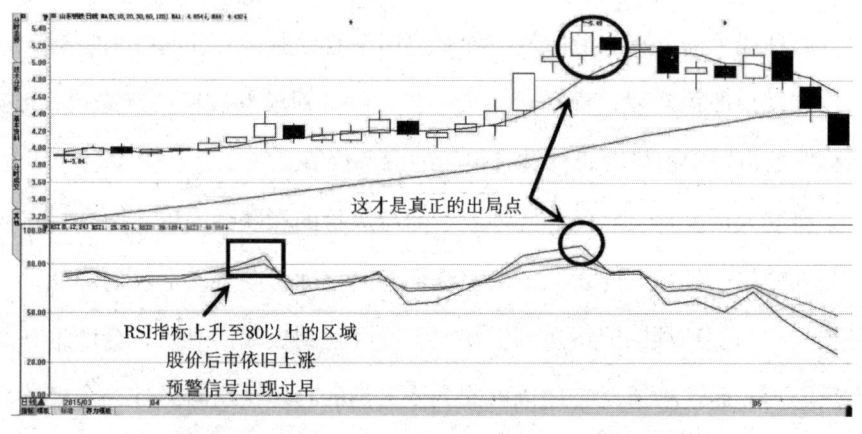

图9-16　2015年3月~5月山东钢铁日K线图

（五）RSI指标的领先性

在通常情况下，当 RSI 指标运行在 40～60 这一区域时，就基本失去了参考意义。按照市场通用的 RSI 指标应用原则分析，当 RSI 指标自下而上地上突破 50 分界线的时候，意味着股价或者股指走势已经由弱转强；当 RSI 指标从 50 以上跌破 50 分界线的时候，则说明股价或者股指走势开始由强转弱。实际应用的时候，股价或者股指由强转弱，但是后市不跌或者由弱转强后不能上涨的情况也时有发生。

这是由于 RSI 指标具有一定的领先性，在个股或者大盘横向整理，后市趋势不明朗的时候，提前放出了走强或者走弱的信号。

因此，对于新股民朋友来说，即便 RSI 指标是实用性非常强的一种技术分析指标，也不能过度依赖它。在实际的投资过程中，还是要注重结合使用其他指标，进行多方位综合分析的方法。

六、PSY指标

心理线（即 PSY）指标是一种专门用来研究股民心理的技术指标，它可以展现出股民对股市涨跌产生的心理波动。对于新股民朋友来说，PSY 指标对股市短期走势的研判具有很高的参考价值。

研究人员发现，股民的心理波动随着股价的涨跌会表现出两个特点：一是人们的心理预期随着股价的上涨而升高，随着股价的下跌而降低；二是当人们的心理预期即将达到极端或者已经达到极端的时候，会产生一种逆反心理，而这种逆反心理很可能会使人们的心理预期向另外一个极端方向发展。

PSY指标就是结合了人们的这两种心理活动特点，将一定时间内股民倾向买进还是卖出的心理事实转化为真实数值，从而判断出股价未来的发展趋势（图9-17）。

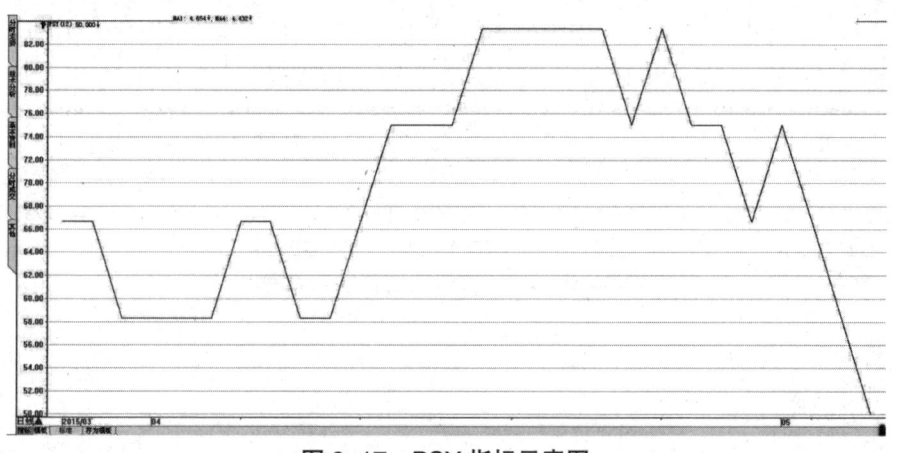

图9-17 PSY指标示意图

PSY指标是一种短期趋势研判指标，相对于其他技术分析指标来说，它既适用于大势的研判，也适用于个股行情的研判。PSY指标对股民心理承受能力以及市场人气有着很强的衡量作用，是股市众多技术分析指标中反映市场能力的重要辅助指标。

在实际的股市技术分析过程中，PSY指标的研判主要是围绕该指标的取值情况以及数值体现出的超买超卖情况等方面进行分析。具体研判内容，新股民朋友可以参考以下几点：

（一）PSY指标的取值情况

（1）PSY指标的取值范围为0~100，100是PSY指标的上极限值，0是PSY指标的下极限值，50为多空双方分界线（图9-18，图9-19）。

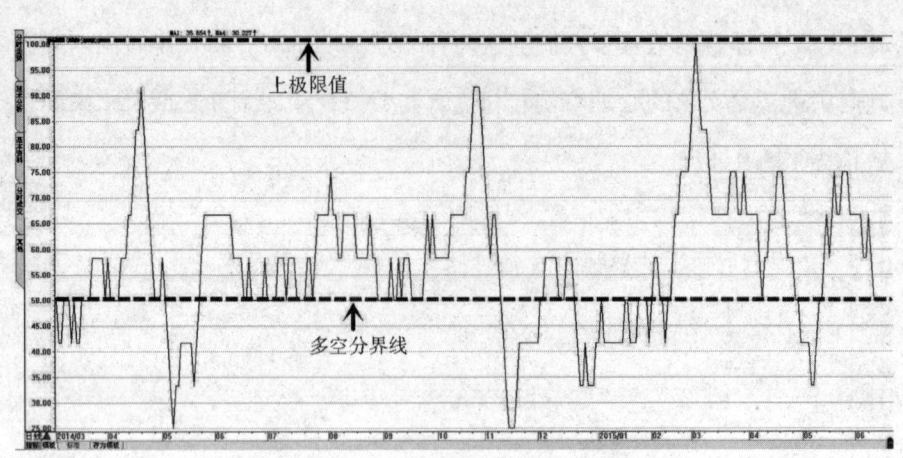

图 9-18　PSY 指标取值范围示意图 1

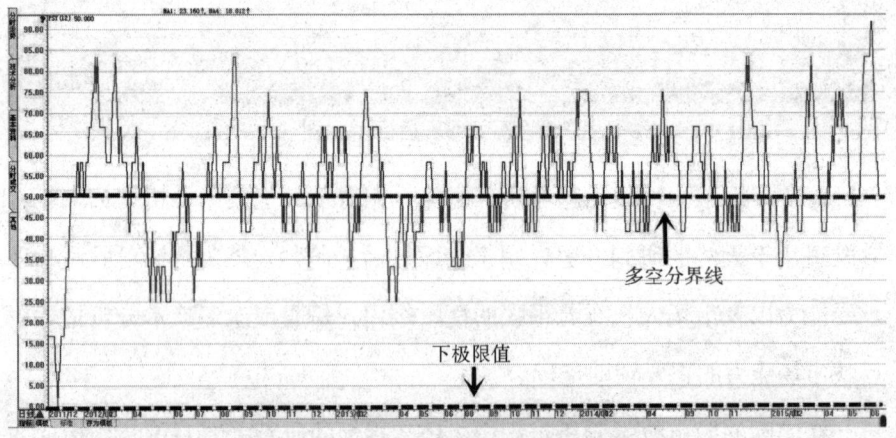

图 9-19　PSY 指标取值范围示意图 2

（2）当 PSY 指标在 50 以上运行的时候，说明此时多方的力量比空方强，新股民朋友可以选择持股不动。

例如，在 2015 年 5 月～6 月中旬这段时间里，福日电子（股票代码：600203）的 PSY 指标始终运行在 50 以上的区域，从图 9-20 中可以看到，在 PSY 指标的推动下，该股股价持续上涨，如果此时新股民朋友紧捂持股，就能轻松地吃到一段上涨行情。

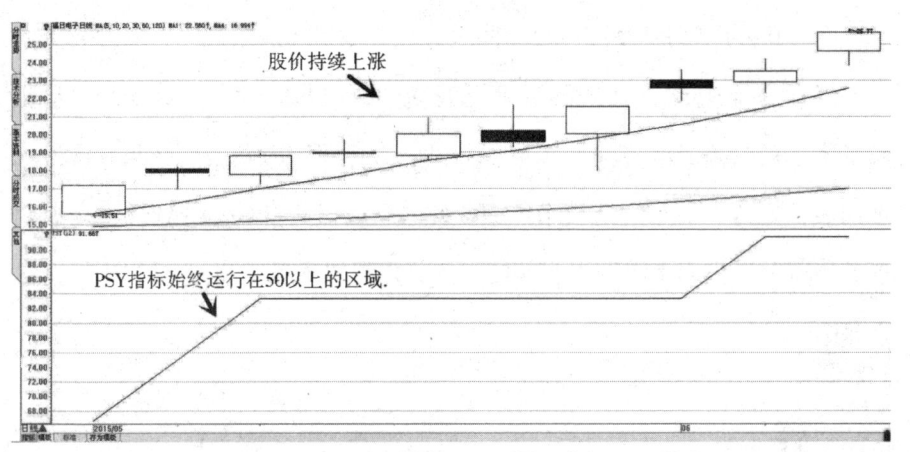

图 9-20　2015 年 5 月~6 月福日电子日 K 线图

（3）当 PSY 指标在 50 以下运行的时候，说明此时空方的力量比多方强，新股民朋友此时可选择卖出持股，退到场外观望。

例如，2014 年 11 月~12 月，林海股份（股票代码：600099）的 PSY 指标始终运行在 50 以下的区域，受到 PSY 指标的影响，该股股价也在持续下跌，如果此时新股民朋友手中还持有该股，就会蒙受较大的损失（图 9-21）。

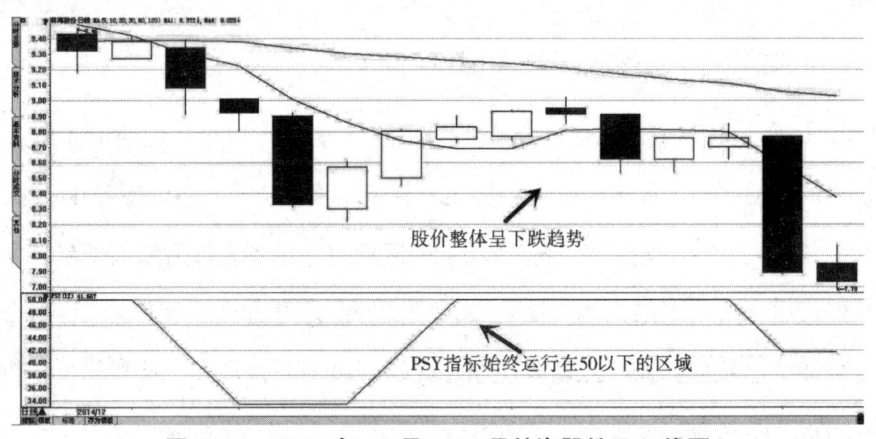

图 9-21　2014 年 11 月~12 月林海股份日 K 线图

（4）当 PSY 指标在 50 附近上下波动的时候，意味着此时多空力量保持在一个较为平衡的状态，后市行情很难预测，此时新股民朋友应该以观望为主。

在 2014 年 3 月~4 月这段时间里，波导股份（股票代码：600130）的 PSY 指标一直在 50 分界线附近上下波动，这说明此时多空双方的力量比较平衡。观察该股 K 线走势图可以看到，在同一段时间里，该股股价呈现横向震荡走势，后市行情较难预测，此时新股民朋友最好的选择就是退到场外观望，等后市走势较为明朗的时候，再择机入场（图 9-22）。

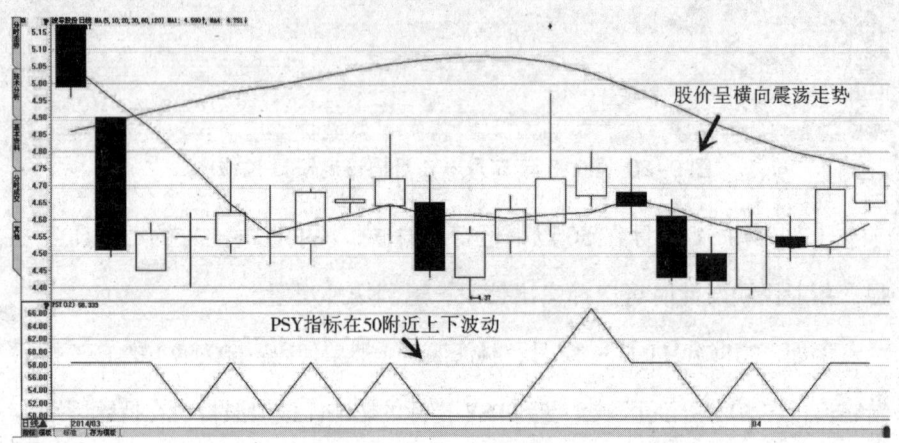

图 9-22　2014 年 3 月~4 月波导股份日 K 线图

（二）PSY 值的超买超卖情况

（1）一般来说，PSY 指标运行在 25~75 这个区域里，说明股价处于正常的波动状态，后市的走向趋势比较稳定，不会突然发生巨幅变化。

（2）当 PSY 指标上升到 75 以上的区域时，市场表现为超买现象，尤其经过了一段时间的大幅上涨之后，股价的上升阻力变得越来越大，后市很可能会出现回落调整。新股民朋友此时应该提高警惕，一旦其他技术指标出现下跌预警，就应该立刻卖出持股。

（3）当 PSY 指标下降到 25 以下的区域时，市场表现为超卖现象，特别是此前股价已经经过了一段大幅下跌行情，此时市场的抛盘越来越少，后市股价很可能会反弹向上运行。

七、超买超卖线

OBOS 指标，中文简称超买超卖指标，利用股票价格的涨跌作为计算基础，用来衡量股市的涨跌趋势，可以清晰地表现出股市潜在的走向，是分析大势的一种技术指标。通过计算一定时期内的市场涨跌，了解整个市场买卖气势的强弱。OBOS 指标具有移动性，能避免不确定因素的干扰，将当期市场中的力量方向明了化。

OBOS 指标一般选用 6 日、10 日和 24 日三种周期作为参数。在这三种周期中，10 日参数最为常用，10 日 OBOS 指标能走在大势的前面，而 6 日和 24 日 OBOS 指标的波动过于敏感或缓慢，参考价值不大。

OBOS 指标的计算公式如下：

N 日的 OBOS=N 日内股票上涨家数的移动总和 −N 日内股票下跌家数的移动总和

OBOS 的数值有正负之分，当 OBOS 数值为正数时，市场处于上涨行情中，属于多头市场；当 OBOS 数值为负数时，市场处于下跌行情中，属于空头市场（图 9-23）。

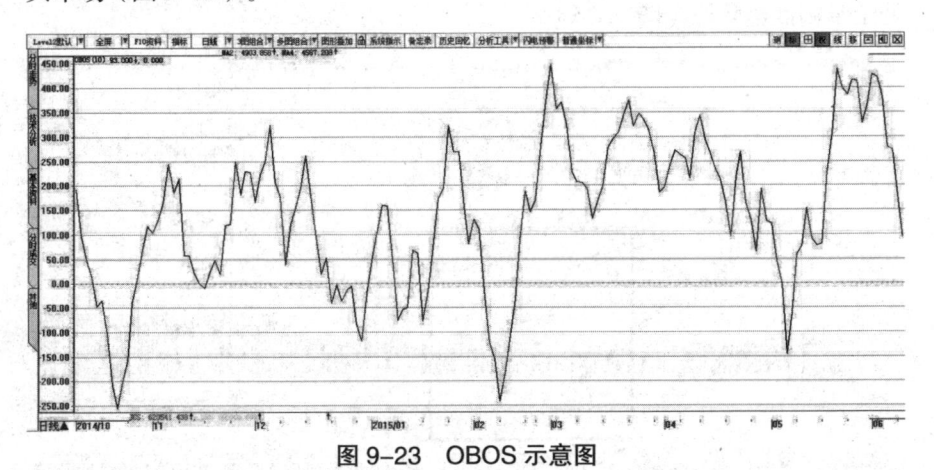

图 9-23 OBOS 示意图

OBOS 指标可从数值的取值范围、OBOS 指标曲线的形态和趋势、OBOS 指标与股价指数曲线的配合等几个方面进行研究分析，下面以 10 日 OBOS 指标为例，具体说明一下。

（一）OBOS指标数值的取值范围

（1）OBOS 指标的多空平衡点为 0。OBOS 指标大于 0 时，市场处于强势格局，多头力量大于空头力量，股价指数上涨（图 9-24）。

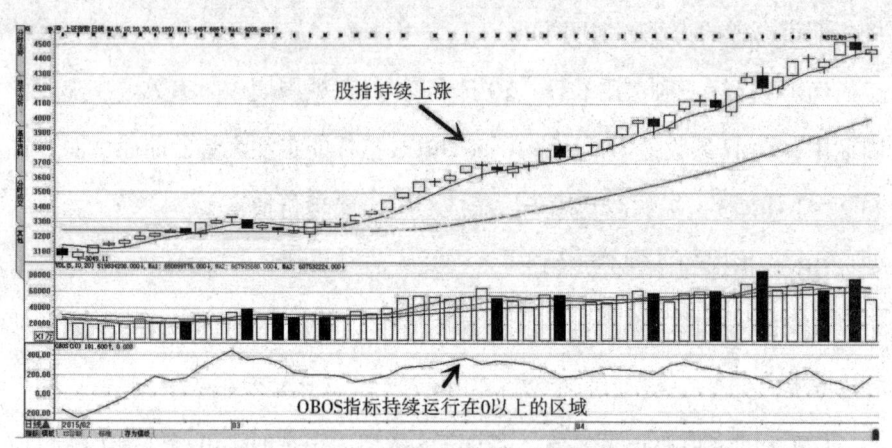

图 9-24　OBOS 指标大于 0 时，股指走向趋势图

OBOS 指标等于 0 时，表明一段时期内多空力量是平衡的，股价指数处于窄幅盘整阶段（图 9-25）。

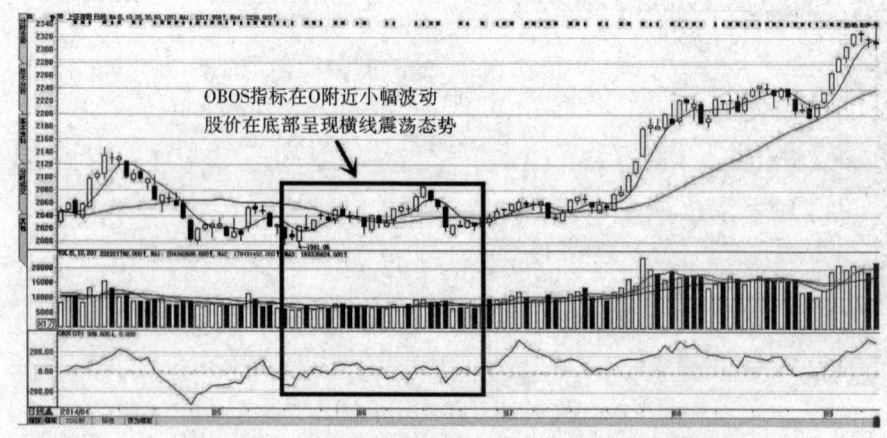

图 9-25　OBOS 指标接近 0 时，股指走向趋势图

OBOS 指标小于 0 时，市场处于弱势格局，空头力量大于多头力量，股指下跌（图 9-26）。

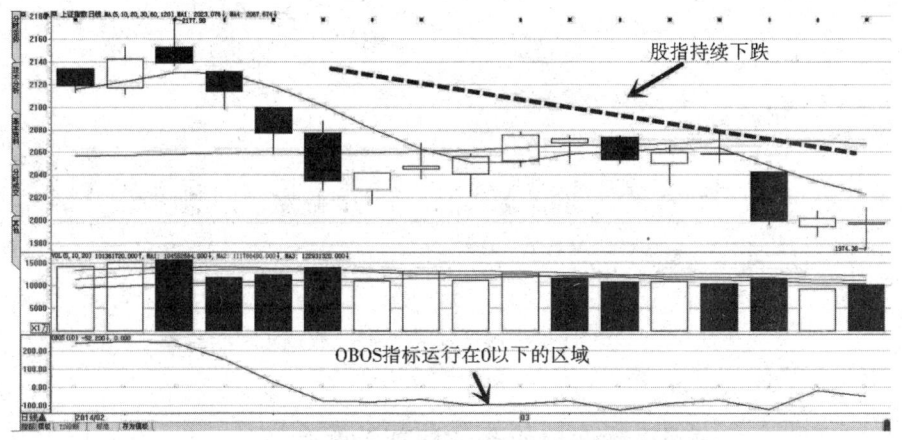

图 9-26　OBOS 指标小于 0 时，股指走向趋势图

（2）OBOS 值与 0 距离远，表明市场上多空某一方的力量较强。OBOS 的值为正数且与 0 距离越远，代表着多方力量越强，多方优势越明显；OBOS 的值为负数且与 0 距离越远，空方力量越强，空方优势越明显。

（二）OBOS 指标曲线的形态和趋势

（1）若 OBOS 指标在高位形成了双顶或双肩的顶部反转形态，则预示着大盘趋势即将由强转弱，大盘将要大跌。此时股价指数也出现同样的形态，则大盘下跌的可能性加大。

（2）若 OBOS 指标在低位形成了双底、V 底或头肩底的底部反转形态，则预示着大盘趋势即将由弱转强，大盘将要反弹。此时股价指数也出现同样的形态，则大盘上涨的可能性加大（图 9-27）。

（3）OBOS 指标在高位出现双顶或头肩顶的准确性比在底部出现的双底或头肩底要高。

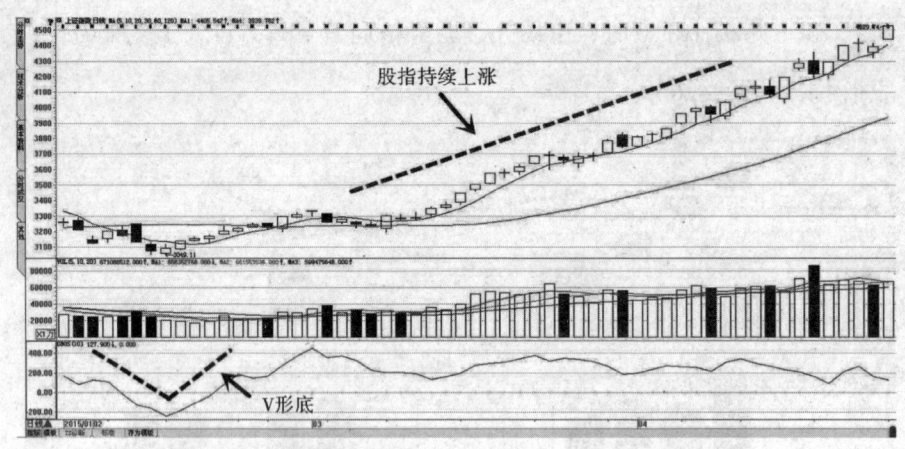

图9-27 OBOS指标形成V形底时，股指走向趋势图

（三）OBOS指标与股价指数曲线的配合

将OBOS指标与股价指数曲线结合到一起，对大盘的趋势判断有着预先示警的作用：

（1）OBOS指标持续向上，股价指数曲线也持续向上，表示大盘处于整体上涨行情中，并且上涨行情将会持续一段时间，股民朋友们可以介入该股。

（2）OBOS指标持续向下，股价指数曲线也持续向下，表示大盘处于整体下跌行情中，并且下跌行情将会持续一段时间，股民朋友们可以选择场外观望。

（3）大盘经过一段上涨行情后，OBOS指标向下回落，股价指数还在缓慢上升的现象叫作"顶背离"，这种现象意味着大盘即将开启一轮下跌行情，股民朋友们应及时卖出手中的持股。

（4）大盘经过一段较长时间的下跌行情后，OBOS指标向上运行，股价指数曲线却继续下跌的现象叫作"底背离"，这种现象意味着大盘即将开启一轮反弹行情，股民朋友们可以逢低买入。

八、CCI指标

顺势指标（即 CCI 指标）属于超买超卖类指标，它常用来测量股价是否已经超出了常态分布范围。理论上，CCI 指标的波动区间为正无穷大到负无穷大，并且不以 0 为中轴线，这样的特点使其成了众多技术分析指标中比较特殊的一种（图 9-28）。

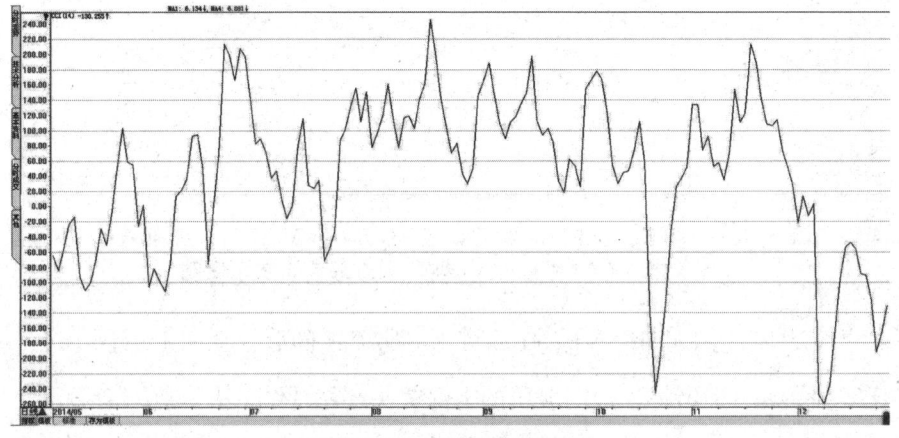

图 9-28 CCI 指标示意图

CCI 指标在实际运用过程中，局限性非常小。一般的技术分析指标，例如心理线、超买超卖线等都有极限值，一旦股价在短期内出现暴涨暴跌行情，导致这些指标数值超过极限值，就会产生钝化等现象，致使其参考价值大幅降低。而 CCI 指标的波动区间为正无穷大到负无穷大，因此不会产生指标钝化等现象。这样就有利于新股民朋友更好地研判行情，即使股价在短期内发生暴涨暴跌的非常态行情，也不用担心 CCI 指标会发生失真现象。

（一）CCI指标的具体分析方法

关于 CCI 指标的具体分析方法，新股民朋友可以参考以下几点：

（1）CCI指标向上突破+100进入非常态区间。这种情况的出现，往往意味着股价即将进入强势上涨状态，新股民朋友在此时应该及时买进股票（图9-29）。

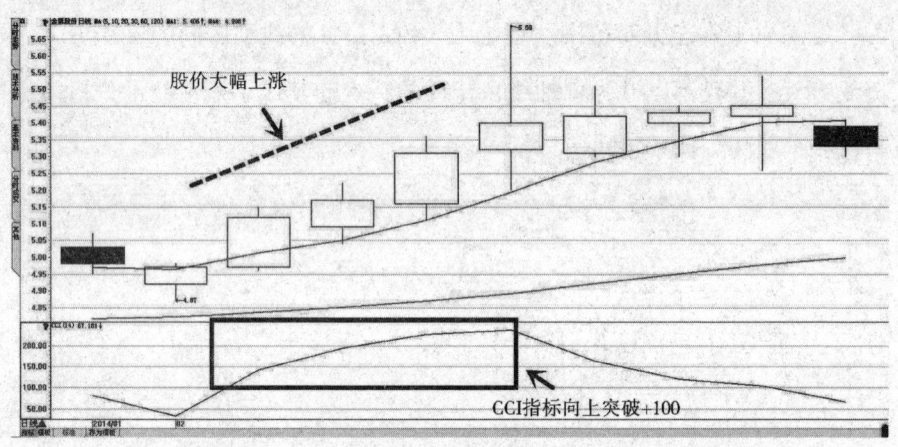

图9-29　CCI指标向上突破+100股价走势示意图

（2）CCI指标向上突破+100进入非常态区间后一直向上运行。这是比较明显的牛股特征，说明股价的上涨势头还将持续下去。此时新股民朋友可以继续持股，以便获得更多的盈利（图9-30）。

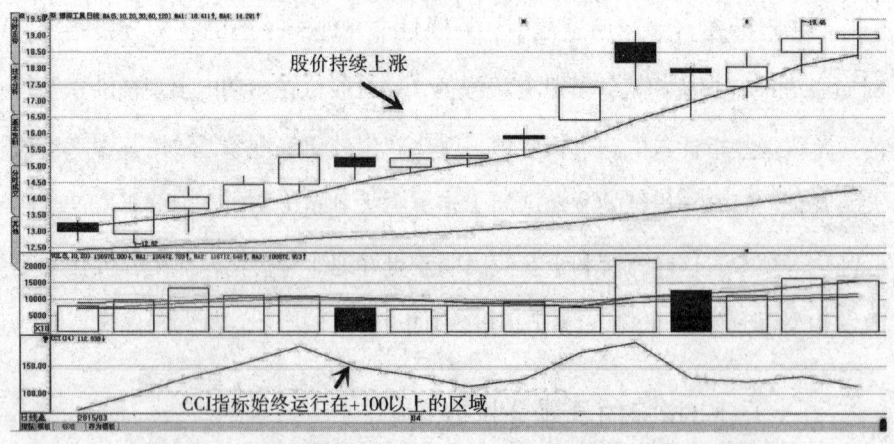

图9-30　CCI指标运行在+100以上区域股价走势示意图

（3）CCI指标在+100以上的非常态区间向上运行了一段时间，并且在远离+100线的地方转势下跌。这种情况的出现，往往意味着股价的强势上涨状态已经结束，此时新股民朋友可考虑逢高卖出持股（图9-31）。

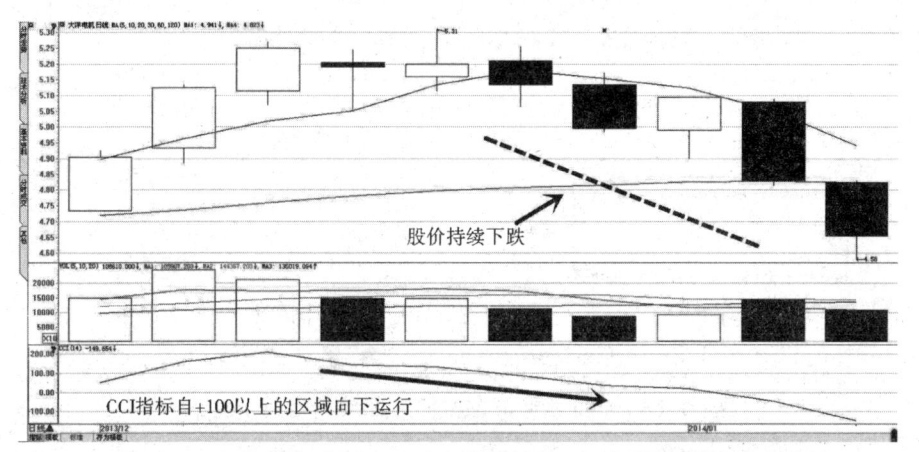

图9-31　CCI指标自+100以上的区域向下运行股价走势示意图

（4）CCI指标向下突破-100进入非常态区间后，保持向下运行趋势。这种情况的出现，往往意味着股价还将持续下跌（图9-32）。

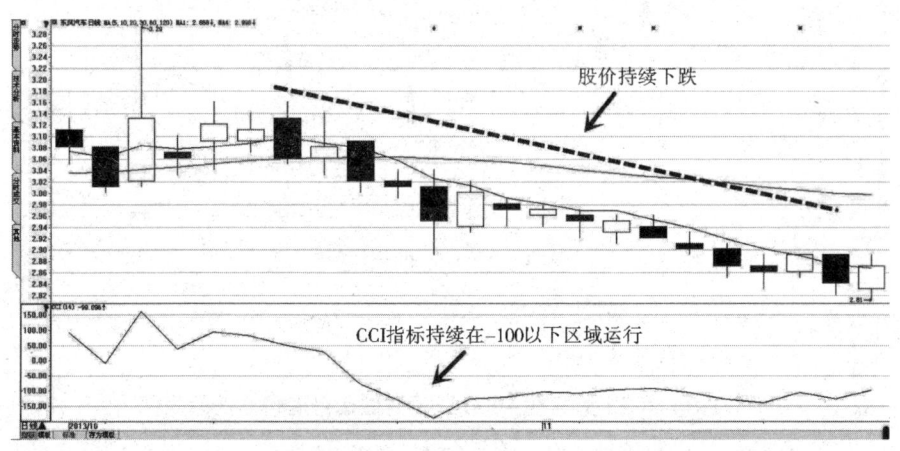

图9-32　CCI指标在-100以下区域运行股价走势示意图

（5）CCI指标在+100至-100的常态区间运行。在这种情况出现时，新股民朋友可以借助其他指标进行趋势研判。例如，新股民朋友可以借助 MACD 指标进行趋势研判，当 MACD 指标形成"金叉"的时候买进该股（图 9-33）。

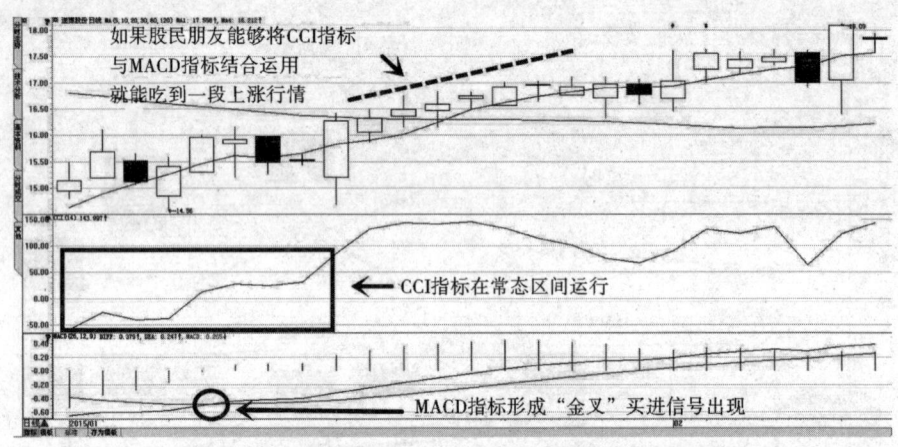

图 9-33　CCI 指标与 MACD 指标结合运用示意图

（6）CCI 指标在 -220 以下的区域运行。出现这种情况，说明后市个股很有可能见底回升，新股民朋友可以选择试探性介入该股（图 9-34）。

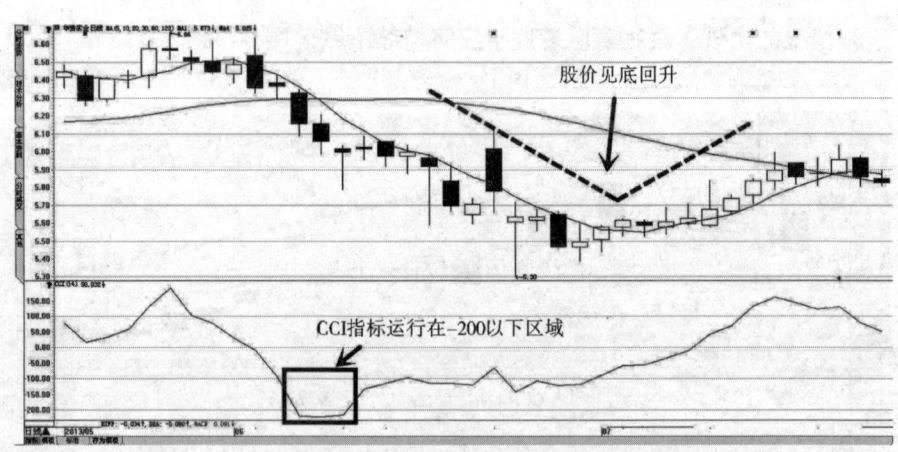

图 9-34　CCI 指标在 -200 以下区域运行股价走势示意图

（二）CCI指标的优点与缺陷

CCI指标最大的功能，就是在市场处于非常态运行态势时，给予新股民朋友较为准确的买卖信号，这也是它最大的优点。但是股市中没有适用于任何情况的完美技术分析指标，CCI指标也有缺陷，即在市场处于常态运行态势时，CCI指标的预测能力会大幅下降。因此，新股民朋友在使用CCI指标的同时，还要注意结合其他技术分析指标使用，以便能够增加研判的准确性。

九、BOLL指标

BOLL指标也叫作布林线，它是由美国股市分析家约翰·布林根据统计学中的标准差原理设计出来的一种非常简单实用的技术分析指标。在股市中，绝大部分技术指标都是通过数量的方法来构造的，指标本身并不涉及市场趋势和技术形态，而BOLL指标则是极为特殊的一种，因为它与股价的形态和市场趋势有着非常紧密的关联。

一般来说，新股民朋友在股市中最容易碰到的买卖陷阱有两种：一种是买低陷阱，另一种是卖高陷阱。所谓的买低陷阱是指股民在自认为的低位买进以后，股价非但没有上涨，反而继续下跌的现象；而卖高陷阱则是指股民在所谓的高价位卖出持股后，股价继续上涨的现象。如果新股民朋友能够熟练地使用BOLL指标，就可以非常轻松地规避这两种陷阱。

（一）BOLL指标图的强势区与弱势区

BOLL指标在图形上画出三条曲线，这三条曲线分为：上轨线、中轨线和下轨线。鉴于这三条曲线的存在，整个K线走势图又被分为两个区域：上轨线和中轨线之间的区域被称为"强势区"，而中轨线和下轨线之间的区域则被称为"弱势区"（图9-35）。

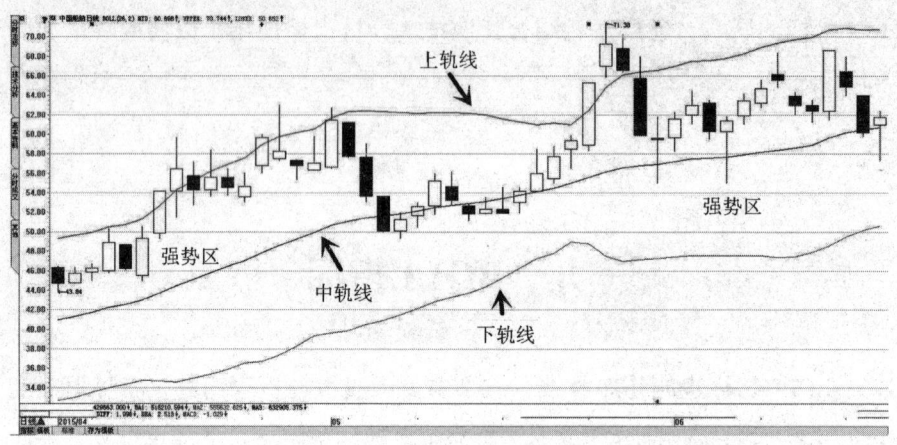

图9-35　BOLL指标示意图

如果一只股票的股价长期在中轨和下轨之间的"弱势区"运行，就说明该股走势疲软，此时介入需要面临较大的风险；相反地，如果股价长期运行在上轨和中轨之间的"强势区"，就说明该股走势强劲，后市有很大的概率出现大幅上涨行情，新股民朋友此时可以选择积极介入。

例如，2013年1月~7月，中国船舶（股票代码：600150）的股价的运行轨迹基本上没有脱离过"弱势区"，这说明该股后市行情很可能会让人失望。2013年1月16日，该股最高价为25.92元，而到了7月30日，该股最低价已经下跌至14.96元，期间跌幅达42.28%。如果新股民朋友能够遵循BOLL指标的指示，及时卖出持股，就能规避这段下跌行情（图9-36）。

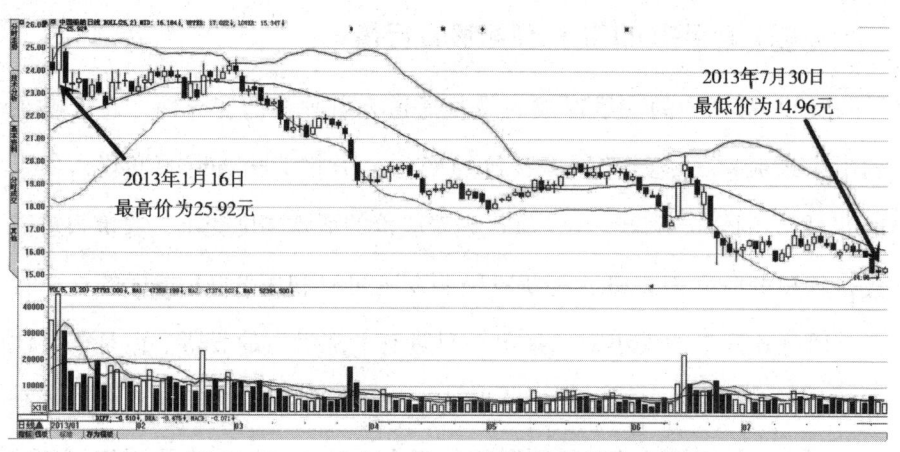

图 9-36　2013 年 1 月~7 月中国船舶日 K 线图

又如，在 2014 年 12 月至 2015 年 6 月期间，仰帆控股❶（股票代码：600421）股价一直在"强势区"运行。从图 9-37 中可以看到，2014 年 12 月 22 日该股最低价为 6.53 元。在 BOLL 指标的推动下，截至 2015 年 6 月 15 日，该股最高价已经上涨至 26.96 元，期间涨幅达 312.86%。如果新股民朋友能够及时买进股票，就能获得丰厚的利润。

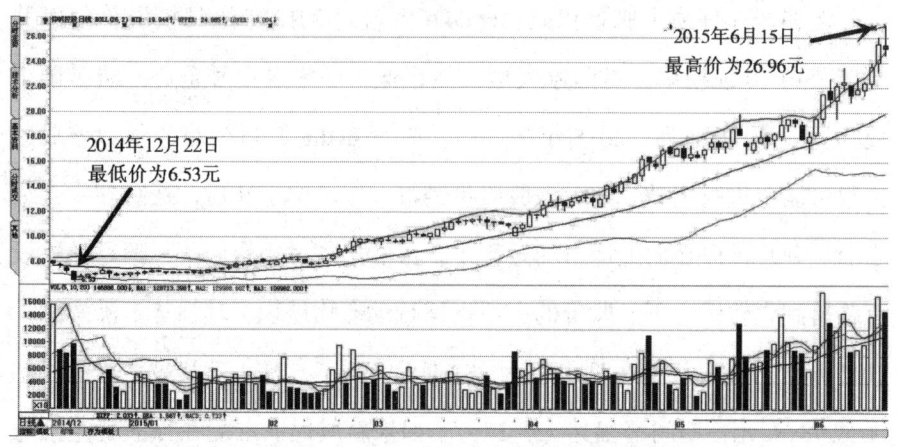

图 9-37　2014 年 12 月~2015 年 6 月仰帆控股日 K 线图

---

❶ 仰帆控股于 2020 年 8 月更名为华嵘控股。

（二）利用BOLL指标预测股市行情

BOLL指标中的三线形成的带状通道有着独特的变异性，它能够预测出未来股市的波动范围。股价的变化会引起带状通道的变化，如果BOLL指标的开口逐渐变小，就代表着股价的涨跌幅度变小，股价很可能会在较短的时间内突破。而新股民朋友则可以利用BOLL指标的这一特点，通过其开口的大小来选择出一只具有上涨潜力的股票。但是需要注意的是，在利用BOLL指标的特性选择好一只股票后，千万不要急于介入，因为BOLL指标只能预测股价是否会突破，但是无法预测其突破的方向。

一般来说，如果股价选择向上突破，往往会满足以下三个条件：

（1）其相关上市公司的基本面良好。

（2）当前股价会在比较低的位置。

（3）股价能在下轨道线以上的位置运行。

例如，片仔癀（股票代码：600436）名列2012年最具投资价值医药上市公司10强榜单，是国家大型二档企业，中华老字号企业，居全国中成药行业50强前列。2015年2月初，该股BOLL开口变小，预示该股股价很可能会进行突破。随后该股股价经过一段小幅上涨后，运行在中轨线之上。并且该股在向上运行的过程中，虽然出现过小幅回落，但是始终没有跌落到中轨线之下。股价的一系列运行动态均展现了其强势上涨意图。2015年3月9日该股最低价仅为38.61元，到了6月4日其最高价已经上涨至98.56元，期间涨幅达155.27%。如果新股民朋友能在该股确定涨势之际，及时买进该股，就能获得可观的赢利（图9-38）。

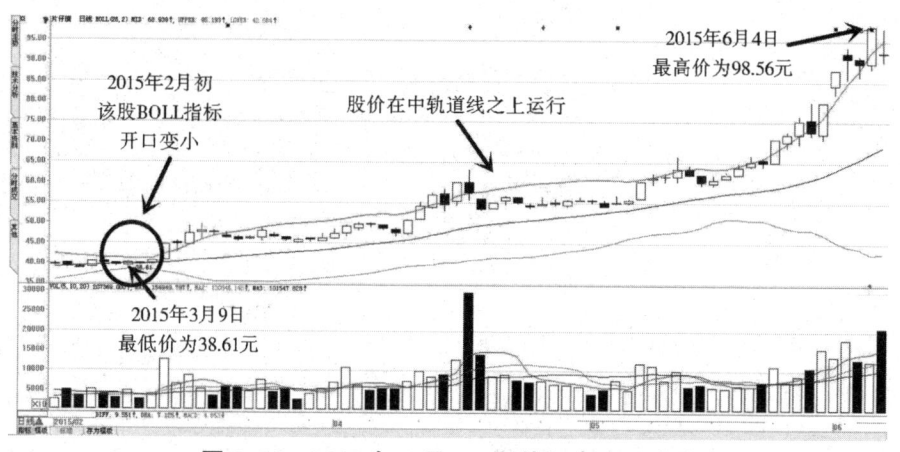

图9-38　2015年3月~6月片仔癀日K线图

即便BOLL指标在预测后市行情发展方面有较高的准确性，新股民朋友也要记住，在实际的股市投资过程中，没有绝对准确的技术分析工具，只有通过结合其他技术分析手段进行综合性分析，才能提高自己获利的概率。

第十章 ◎ 投资大师的终极炒股智慧

在股票理论发展的数百年历史中,凝聚了无数股票大师们的智慧结晶。他们潜心研究,并且通过不断地实践,创造和总结出来的理论知识对股市起着系统而科学的指导作用。因此在实际的投资操作中,股民朋友若是能够熟练掌握这些理论,理解其中所包含的股市哲学,再辅以相关的炒股技能,就能在股市傲立潮头。

一、道氏理论：趋势为王

道氏理论由查理斯·道创立，它是市场中所有技术分析理论的鼻祖。但查理斯·道称它并不是用来预测股市或指导投资者的，它是反映市场总体趋势的晴雨表。在1902年查理斯·道逝世以后，威廉·哈密顿和罗伯特·雷亚继承了这一理论，在后来有关股市的评论及写作中不断加以整理归纳，形成了我们现在熟悉的道氏理论。19世纪20年代，《福布斯》杂志的编辑理查德·夏巴克，继承和发展了道氏观点，提出将"股价平均指数"中出现的重要技术信号应用于单只股票。1948年，在约翰·迈吉和罗伯特·爱德华出版的《股市趋势技术分析》一书中，继承并发扬了查理斯·道及理查德·夏巴克的思想，此书也被看作关于趋势和形态识别分析方面的权威著作。

道氏理论能够反映出市场的总体趋势，而总体趋势又被划分为三类，即主要趋势、次级趋势和短期趋势。长期投资者可以多关注股价运动的主要趋势，短期交易者可以多关注短期趋势。

（一）主要趋势

主要趋势是指股价全面下降或上升的变动趋势。这种变动趋势一般持续在1年及以上时间，股价的变动总幅度超过20%。站在投资者的角度来看，如果主要趋势是持续上升的便形成多头市场，如果持续下降便形成空头市场。

长线投资者可以多关注主要趋势，具体做法是在多头市场中尽早买入，当投资者可以确定多头市场已经启动，一直持有至确认空头市场已经形成。在整体趋势中的次级趋势和短期趋势可以忽略。

例如，浙江富润（股票代码：600070）在2015年1月~6月，股价呈现上涨的主要趋势。由2014年12月31日的最低价5.77元上涨到2015年6月18日的21.48元，上涨幅度达272.27%。而这一主要趋势中出现的小部分短期趋势是可以忽略的（图10-1）。

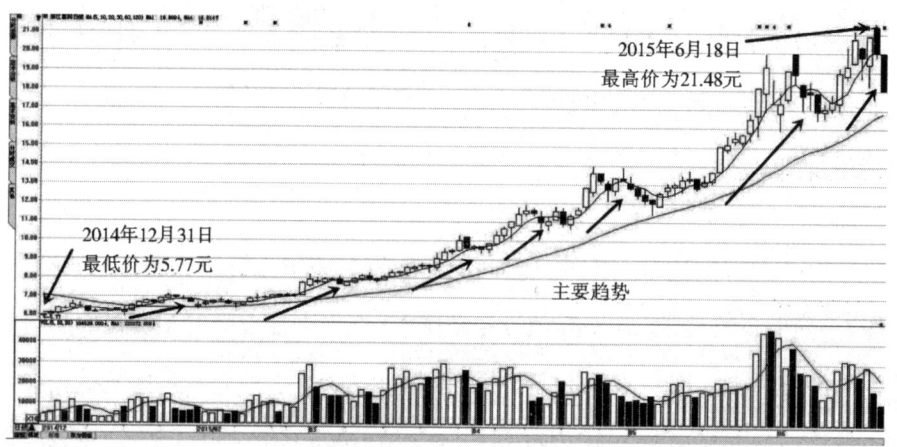

图10-1 2014年12月~2015年6月浙江富润日K线图

（二）次级趋势

次级趋势是主要趋势中的大波段反向运动，在多头市场中表现为上升中的下跌，在空头市场中表现为反弹。它们一般会持续3周至几个月。

例如，法拉电子（股票代码：600563）股价在主要上升趋势中出现了几次大波段的反向运行，即下跌的次级趋势。每一个次级趋势中，股价都有较大幅度的下跌。从2014年5月20日至7月23日股价一直呈主要上升趋势运行，而在第二个交易日股价便开始下跌，一直到8月26日，股价都以下跌的次级趋势运行，次级趋势时间持续了一个月左右（图10-2）。

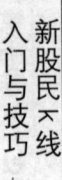

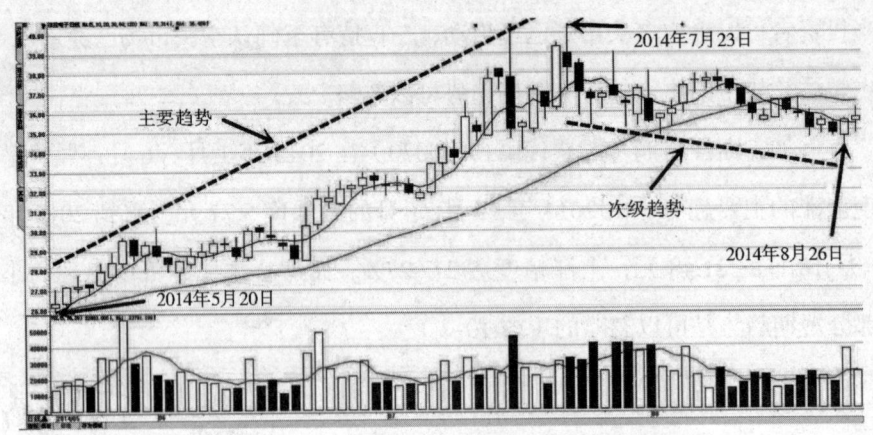

图 10-2　2014 年 5 月~8 月法拉电子日 K 线图

（三）短期趋势

所谓的短期趋势，指的是时间周期比较短（很少持续 3 周，一般都小于 6 天）的价格波动。在实际的投资操作中，交易者需要随时关注短期趋势。在短期趋势中找出最佳买卖时机，追求利益最大化，或者尽可能减少损失。

金浦钛业（股票代码：000545）在 2014 年 12 月~2015 年 5 月呈现以波动为主要趋势的上涨态势，在波动上涨的过程中，出现的小幅回落构筑出了短期下跌的趋势，从而形成了道氏理论中的短期趋势（图 10-3）。

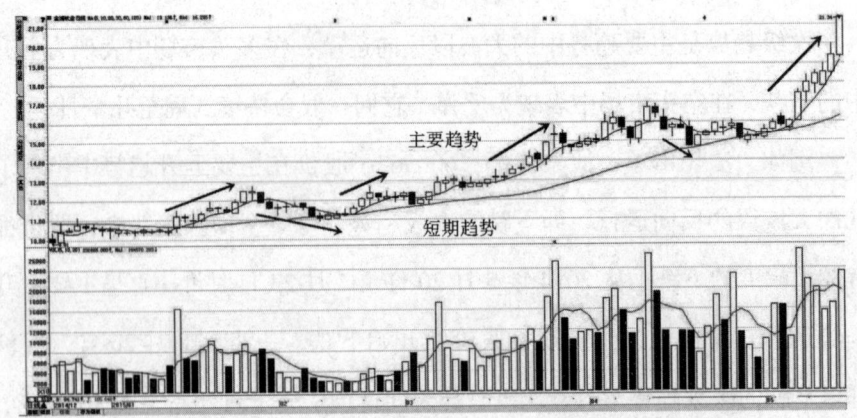

图 10-3　2014 年 12 月~2015 年 5 月金浦钛业日 K 线图

二、箱体理论：一个箱体接着另一个箱体

箱体理论是由美国的达韦斯·尼古拉提出的一种理论，是目前应用较为广泛的一种股票分析理论之一。箱体指的是股票在运行过程中，形成的价格区域。股价在一定范围内波动，形成了一个股价运行的箱体。股价运行到箱体顶部时会受到卖盘的压力，运行到箱体底部时会受到买盘的支撑，这样股价冲破了箱体的顶部或底部时，就自然地进入了一个新的箱体中继续运行，原来箱体的顶部成为重要的压力位，而箱体的底部成为重要的支撑位。这样，股价上涨突破了原有运行的箱体进入另一个箱体内时，应该买进；反之，应该卖出。

（一）上升箱体

箱体理论携带的信息量很大，但它主要传达的信息是当股票收盘价有效突破了箱顶之后，原来的强阻力便会变成强支撑，股价便自然进入了上涨行情，特别是在股价上涨幅度明显的时期，这时候投资者可以选择持仓待涨（图10-4）。

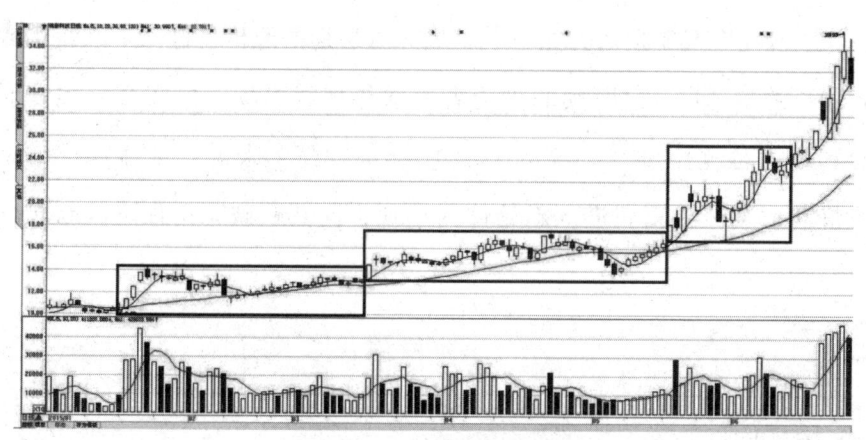

图10-4 上升箱体示意图

例如，2015年1月15日~3月16日，瑞泰科技（股票代码：002066）价格在箱体A内波动，于3月17日以一根阳线向上突破了箱体A，此时箱体A中的压力位转换为支撑位。股价进入箱体B内，不断震荡，于5月19日再次发力，向上突破了箱体B，进入箱体C内（图10-5）。

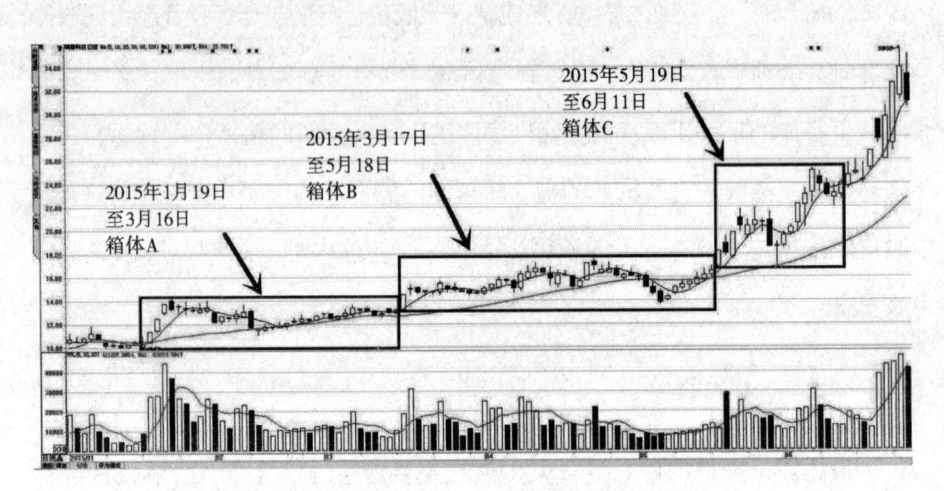

图10-5 2015年1月~6月瑞泰科技日K线图

（二）下跌箱体

股价在触及箱顶后开始下跌，意味着后期的股价将进入下跌行情或者较长的整理期。这时候的投资者应选择理智离场，再在其中浪费时间和精力是完全没有必要的（图10-6）。简单来说，箱体理论就是股价向上突破原箱底进入新箱体内寻顶，向下跌破原箱顶进入新箱体内寻底。

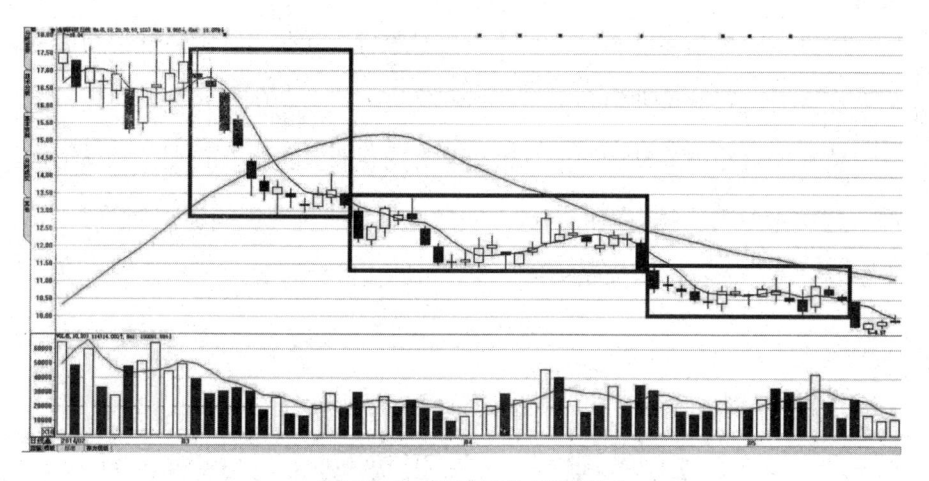

图 10-6　下跌箱体示意图

例如，2014年3月4日～3月19日，金瑞科技[1]（股票代码：600390）的股价在触及箱顶后开始下跌，于3月19日跌破箱体A，进入箱体B内运行，箱体A的底部变成了重要的压力位。股价在箱体B内运行了一段时间后，于4月22日再次跌破箱底，进入了箱体C（图10-7）。

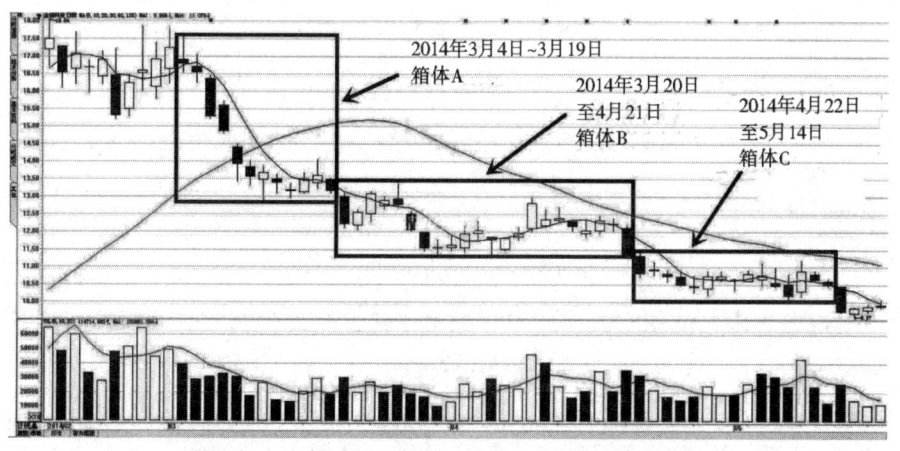

图 10-7　2014年2月～5月金瑞科技日K线图

---

[1] 金瑞科技于2016年4月28日更名为 *ST金瑞，又于2017年5月5日更名为五矿资本。

股价在一个箱体内运行，箱体顶部对股价产生阻力，箱体底部对股价生产支撑力。若股价冲出当前箱体，便会进入一个新的箱体内继续运行。当股价在跌破箱体底部的2~3个交易日内，收盘价没有再超过箱体的底部，这样才能确认是有效的突破。同样地，当股价突破箱体顶部的2~3个交易日内，没有再回到原箱体位置，可确认突破有效。

三、江恩理论：买卖规则重于预测

江恩理论由证券市场中赫赫有名的投资家威廉·江恩创立。他创造了将时间与价格完美结合在一起的理论，一生中的交易成功率在80%以上。无论在哪个时代，江恩都是投资者心目中的神级人物。

（一）三大忠告

江恩理论有三大忠告，对于投资者有着很大的帮助：

（1）缺乏市场知识是导致投资者在市场买卖中出现损失的最重要原因。

（2）过于频繁地操作会使发生错误的概率增大，影响了投资者的心态，形成恶性循环。

（3）一旦出现短线操作错误，应该立即卖出。

可以看出，江恩在投资市场纵横数十年，其忠告其实是很简单的。但是大道至简，要领会并贯彻，需要敏锐的感觉与强大的心理。

（二）21条买卖守则

在三大忠告的基础上，江恩理论中还有著名的21条买卖守则，可指导投资者如何进行具体操作：

（1）每次入市投资，损失不要超过本金的十分之一。

（2）选择入市就要坚决，犹豫的时候不要入市。

（3）不做赔多赚少的买卖。

（4）买卖自如，不只做单。

（5）不过量买卖。

（6）不让持有的仓位由盈转亏。

（7）不逆市而动，市场趋势若不明显，宁可场外观望。

（8）等待入市的机会，不宜过于频繁买卖。

（9）设置止损位，减少买卖出错时可能造成的损失。

（10）只在活跃的市场买卖，成交量小、买卖清淡时不宜操作。

（11）不要设置目标价位出市，跟随市场的走势，避免限价出入市。

（12）入市时设置的止损位，不可随意取消。

（13）在投资中连续获利后，可提取部分利润，以备急时之需。

（14）利用止盈位保障所得利润。

（15）买卖中遭受损失时，不要盲目加仓，以谋求摊低成本。

（16）投资股票应把赚取差价放在第一位，而不只从中分红收息。

（17）不要因为不耐烦而入市，也不要因为不耐烦而清仓。

（18）避免在不适当的时候搞金字塔式加码补仓。

（19）不能因为价位过低而盲目买进，价位过高而沽空。

（20）避免对冲。

（21）如果没有适当理由，避免胡乱更改所持股票的买卖策略。

（三）实盘解读

江恩理论的精髓在于"买卖规则重于预测"。股市千变万化，股民朋友在进行投资决策前，要细心研究市场，即使作出错误决定也要及时而果断地处理它们，不再让错误造成过多的损失。

例如，2015年2月13日，劲拓股份（股票代码：300400）最低价为20.15元；5月22日，股价上涨至86.80元，涨幅高达330.77%；而到了6月19日，股票价格下跌至50.10元，跌幅在42.28%左右。假设投资者在5月19日以65.22元买入该股，应用江恩理论21条买卖守则中的第9条"设置止损位，减少买卖出错时可能造成的损失"，在介入股票时便设立止损位（通常情况下，止损位设定为成本的90%），股价在下跌至止损位时及时卖出持股，减少后期股价不断下滑带来的损失（图10-8）。

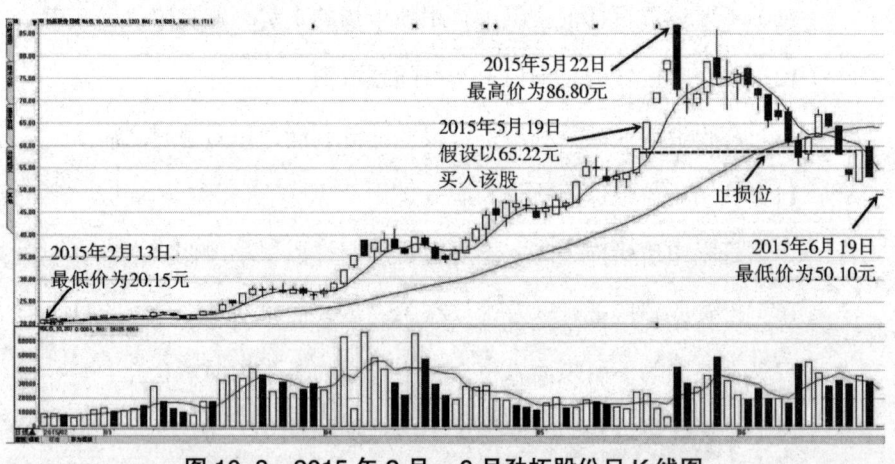

图10-8　2015年2月~6月劲拓股份日K线图

假设以每股16.94元买入诺普信（股票代码：002215），股民期望获得的利润是每股收益11.37元；那么根据江恩理论，在股价上涨到止盈位(通常情况下，止盈位设定为成本的1.1倍)时，就应该卖出手中持股，以确保已经获得的利润，防止后市下跌而减少利润（图10-9）。

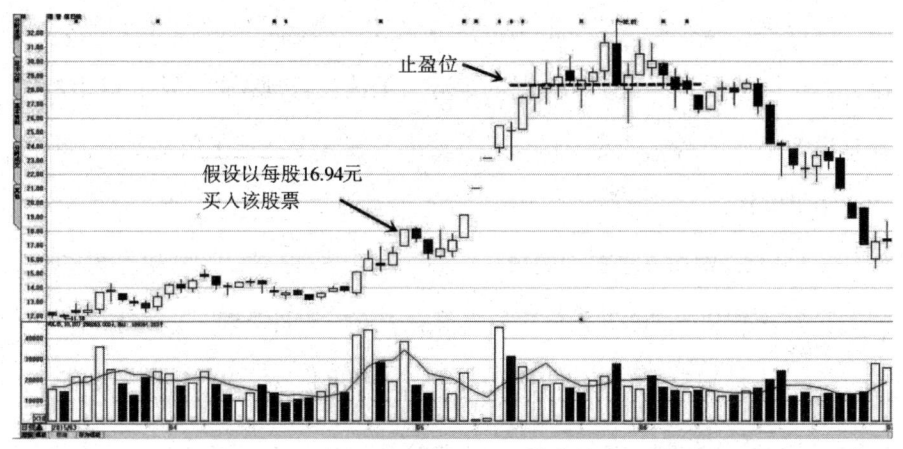

图 10-9　2015 年 3 月~6 月诺普信日 K 线图

四、波浪理论：股票的自然之美

艾略特波浪理论又称波浪理论，是美国技术分析大师拉尔夫·纳尔逊·艾略特所发明的一种价格趋势分析工具，它能发现不断变化的股价结构性形态反映的自然和谐之美。这是根据对观察出来的规律加以总结而形成的一套理论，可以用作分析股票的大盘指数和价格走势。这一理论在实际投资操作中是最常被使用的分析工具，股民朋友们应该对其多加研究，以期能够熟练应用。

艾略特认为：股价波动如同浪潮一般，重复出现波浪形态，且具有一定的规律性，将这些呈现一定结构性的形态连接在一起可以形成同样形态的更大图形，市场走势就是这样不断重复的一种模式。用一系列的演绎法则解释市场行为，并着重强调波动原理的预测价值，这便是波浪理论。

波浪理论将不同规模的趋势分为9大类，最长周期的循环波横跨200年，而次微波仅仅覆盖了几小时的走势。无论趋势规模的大小，每个周期都是由8个波浪构成，这一要点是不变的，在8个波浪中包括5个上升浪和3个下跌浪。

（1）上升浪由5个波浪组成："①"为启动浪；"②"为初次调整浪；"③"为发展浪；"④"为再次调整浪；"⑤"为冲高浪。

（2）下跌浪由3个波浪组成："A"为下跌出货浪；"B"为反弹出货浪；"C"为出货探底浪。

一个完整的循环包括这8个波浪，五上三落，且这样完整的循环周期不断反复着出现在各个时间段内，也会形成各种大小的浪中浪形态。即大浪中有中浪、中浪中有小浪（图10-10）。

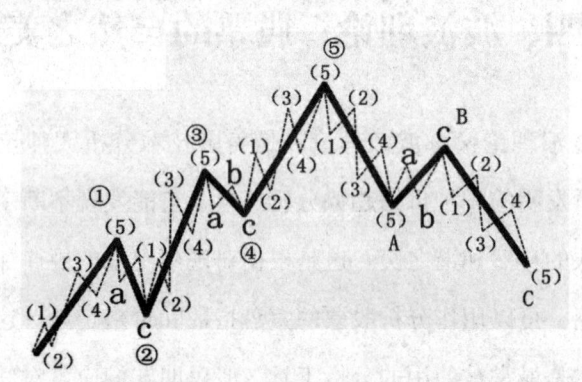

图10-10 波浪理论整体形态示意图

（一）上升五浪

1.启动浪（第一浪）

启动浪是一个循环的起点，浪形平缓，持续的时间较短。这是主力在试探行情，造成短线行情的假象（图10-11）。

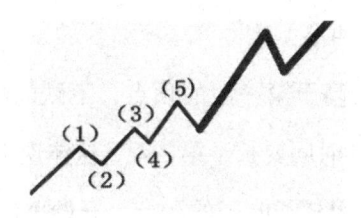

图 10-11　启动浪示意图

2. 初次调整浪（第二浪）

第二波浪不会低过第一波浪的浪底。主力短线打压，将浮筹震仓出局，以减轻拉升压力，但持续的时间较短（图 10-12）。

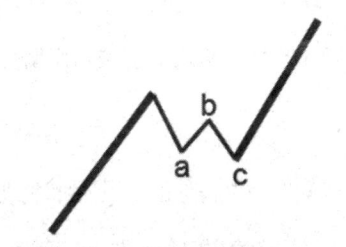

图 10-12　初次调整浪示意图

3. 发展浪（第三浪）

在第一浪、第三浪、第五浪中，第三浪不可以是最短的一个波浪，它持续的时间和幅度往往是最长的。在它突破了第一浪的浪顶时，是最强烈的买进信号。这时主力已经锁定了筹码，发动行情，充分吸引踏空资金入市并聚集人气（图 10-13）。

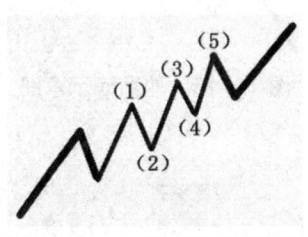

图 10-13　发展浪示意图

4. 再次调整浪（第四浪）

第四浪的底点不会高于第一浪的顶点，下跌的幅度为第三浪的 0.382 倍或 0.618 倍，且持续的时间要长于第二浪，这体现出第四浪的调整性质。这时的主力经过了第三浪较长时间的运行，开始抛出手中部分筹码，股价下跌（图 10-14）。

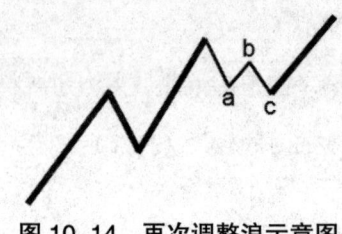

图 10-14 再次调整浪示意图

5. 冲高浪（第五浪）

第五浪的浪顶高于第三浪的浪顶，其斜率明显增大，上升势头也远远超过了第三浪，但持续的时间要短于第三浪。因为主力使出了全部的力量作最后阶段冲刺，抛出大量筹码，以达到快速离场的目的（图 10-15）。

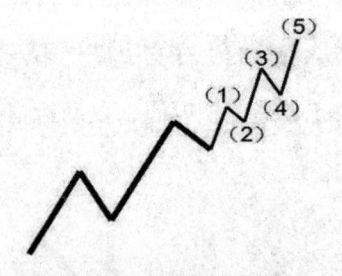

图 10-15 冲高浪示意图

（二）下跌三浪

下跌三浪基本形态示意图如图 10-16 所示。

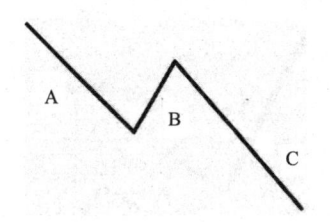

图 10-16　下跌三浪基本形态示意图

1. 下跌出货浪（又称 A 浪）

A 浪形态较短（图 10-17），因为主力达到了目的，大量抛出筹码，将散户套牢在高位，股市开始猛烈下跌，但多空双方激烈较量，所以下跌的时间也短暂。

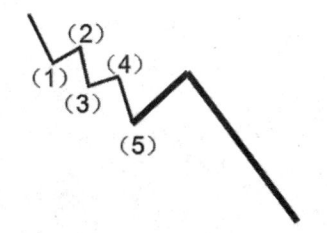

图 10-17　下跌出货浪示意图

2. 反弹出货浪（又称 B 浪）

B 浪持续的时间也不会很长，这是主力利用反弹再次出货的一个阶段（图 10-18）。

形成反弹的原因：

（1）股市下跌势头过猛必然会遭受反弹。

（2）有些投资者错误判断股市下跌的行情已经结束，盲目地建仓致使股价反弹。

（3）主力借反弹之力拉升再次出货。

（4）一些投资者炒作带来反弹资金。

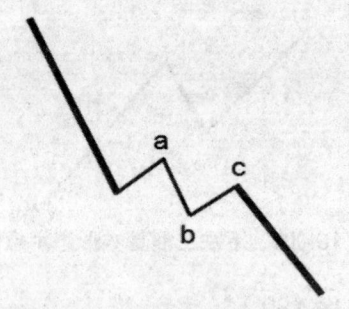

图 10-18　反弹出货浪示意图

3. 出货探底浪（又称 C 浪）

C 浪跌势强劲，幅度大，持续时间较长（图 10-19）。这是主力完全出货阶段，主力坚定出货，散户割肉止损。

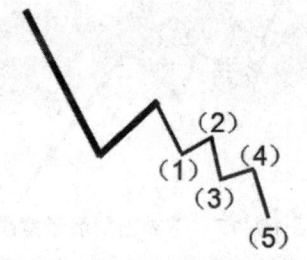

图 10-19　出货探底浪示意图

（三）实盘解读

使用波浪理论的前提条件，是股价随着主趋势运行时，按照五波的顺序波动；反主趋势运行时，则按照三波的顺序波动。长波有时可以持续相当长的时间，次波的期间则是相当短暂的。

波浪理论仅仅是分析股票的一种技术工具，并不是万能钥匙，在运用这一理论指导股票投资操作时，要对市场进行综合分析，客观运用。

例如，万科 A 股（股票代码：000002）在 2014 年 10 月至 2015 年 2 月期间所呈现的非典型的波浪形态，五上三下（图 10-20）。

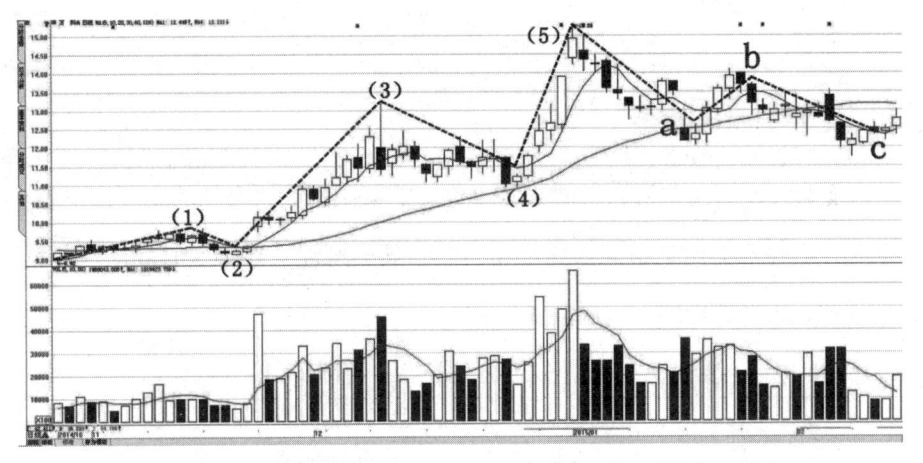

图10-20　2014年10月~2015年2月万科A股日K线图

五、亚当理论：大势不可预测

美国人威尔德在1978年发明了著名的强弱指数RSI和其他分析工具PAR、抛物线、动力指标MOM、摇摆指数、市价波幅等。这些分析工具在当时大受欢迎，在现在的证券市场中RSI也是非常有名的分析工具。后来，威尔德又发明了另外一套全新的理论取代自己之前提出的这些分析工具，这个理论就是本节中介绍的"亚当理论"。

在亚当理论中，市场的大势是不可预测的，也没有任何分析工具可以绝对精准地预测市场趋势。若可以靠分析工具就能完全预测出市场的趋势，那么很多人从理论上就可以靠这些分析工具成功。然而不少投资者在运用了这些指标后并没有得到预期的结果，这是因为这些指标并不完善，依赖其推测股市动向，没有多大意义。所以亚当理论的要义就是告诉投资者，要顺应市场的趋势，而不是一味地利用分析工具对其加以推断或预测。

（一）十大戒条

亚当理论对中国股市的指导意义在于，从中国股票市场的实际情况看，技术分析并不能做到精准预测市场动向，甚至可能会在某些时候出现相反的预测。亚当理论的十大戒条如下：

（1）一定要认识市场动作，认识市势，否则绝对不买卖。

（2）市升买升，市跌买跌，顺势而为。

（3）每一种分析工具都并非绝对正确，一样会有出错的可能。

（4）切勿妄自推测股价会升到哪个价位或跌到哪个价位，浪顶最难测，不如顺势而为。

（5）进入市场买卖，在股价回落时立即定下停损价位。

（6）入场看错，不能一错再错，手风不顺者要离场，冷静分析并检讨。

（7）入场看错，只可止损，不可一路加注摊低成本，否则极有可能使损失越来越多。

（8）看错市，损失达到10%要立即抛出，将损失控制在10%以内。

（9）止损价位要坚决执行，不可随意更改或调低。

（10）看错市就要认输，不可越陷越深。

（二）实盘解读

亚当理论的主要观点便是认为没有完美预测市场的分析工具。在股票市场实际投资中，做到适应市场，顺势而为。

假设股民甲在2015年5月12日以244.53元买入金证股份（股票代码：600446）股票，几天之后股票价格跌破止损线。根据亚当十大戒条中的第

8条,当投资的股票损失达到10%时立即抛出,将损失控制在10%以内。因此,这个时候股民甲应该选择将手中的股票卖出(图10-21)。

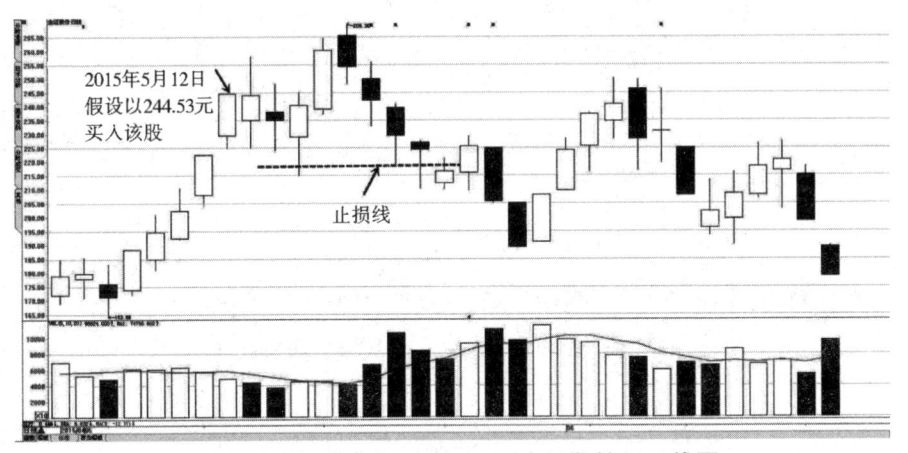

图10-21　2015年4月~6月金证股份日K线图

2015年1月~4月上证指数股指呈上涨趋势,天壕节能(股票代码:300332)的股价同样在上涨。由1月5日的最低价12.60元上涨至4月7日的最高价30.04元,涨幅达138.41%。根据亚当理论的"市升买升,市跌买跌",做到顺势而为,股民甲可以根据股指的上涨而买入该股(图10-22,图10-23)。

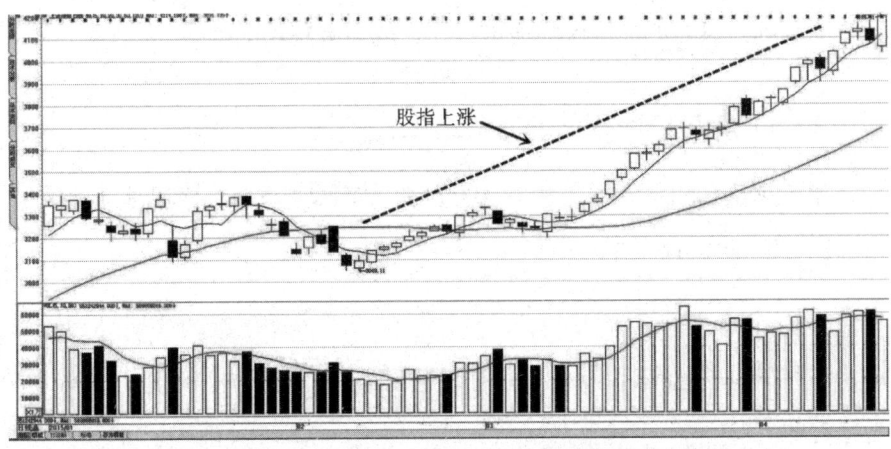

图10-22　2015年1月~4月上证指数日K线图

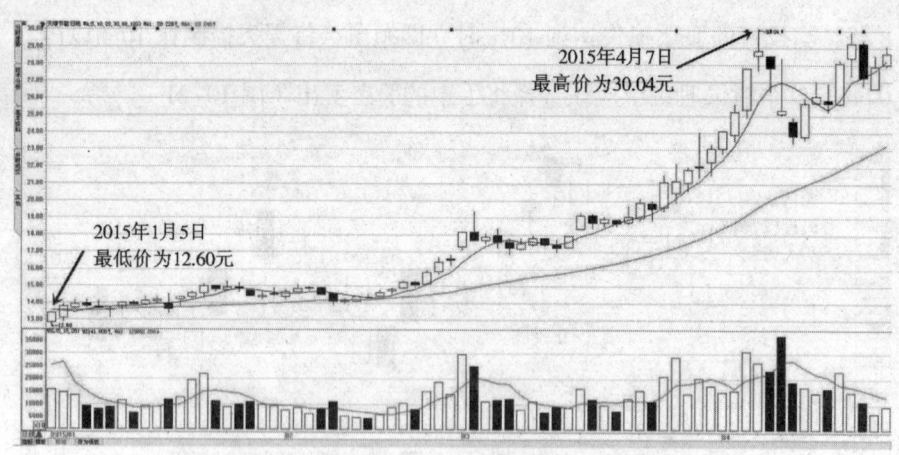

图 10-23　2015 年 1 月～4 月天壕节能日 K 线图

六、相反理论：炒股切忌人云亦云

相反理论主要关注大多数投资者对市场的判断情况，即要持有和大多数投资者相反的观点。当所有人都看好市场时，极有可能是牛市已经到顶；而当所有人都看淡市场时，有可能是熊市已经见底。这个理论完全以群众行为为基础，只要能和群众的观点相反，就会有获利的机会。

（一）走与市场相反的路

相反理论指出，在股市中赚大钱的人永远只有 5%，想要赢就要走与市场相反的路。

（1）相反理论衡量的是一个比例。在大多数人看好市场时，相反理论提出看淡市场；在大多数人看淡时，相反理论提出看好市场，但这并不是绝对的。

（2）相反理论也并不能评判对错。它不是指和大多数投资者持相反的观点就表示大多数投资者的观点是错误的。因为大多数投资者都可以看清股票市场的主要趋势，当市场被大部分人看好，这种向好的情绪转换成购买力，市场行情持续上涨，而当所有人的看好情绪达到一致，市场趋势将会发生转变。

（3）相反理论主要依据行情的转势。当投资者们普遍看好市场，会大量买入股票，相当多的钱投入股票市场中，有能力买股票的投资者基本已经满仓，买方力量枯竭，股市中难再有后续资金将股价推高，市场在看好的情绪中转势。相反地，当所有人都看淡股市，想将手中的股票抛出时，卖方力量已经耗尽，市场在此时见底。

在实际运用相反理论时，需要两个理论数据，市场情绪指标和好友指数。这两个指标是一些大经纪行、专业投资机构的期货或股票部门收集的资料。以好友指数为例，指数由0至100%，表示所有人从绝对看淡到看好市场。通常好友指数在不同的数值区间有着不同的启示，股民朋友应该把握每个阶段的好友指数所显示出的市场行情。然而也不能完全依赖所收集到的好友指数，因为当股民朋友确认收到的好友指数已经与现在的市场行情有了时间上的错位，可能有其他投资者先一步观察到有利的买卖时机，先一步行动。

（二）实盘解读

相反理论是要在大多数股民看好市场时，卖出持股；当大多数股民看淡市场时，买进股票。在实际使用相反理论操作时要注意，不能等到所有人都看好或看淡时才行动，这样有可能错过最佳的买卖时机。

例如，2014年11月20日，创意信息（股票代码：300366）取得建筑智能化工程设计与施工二级资质证书,受这一利好消息影响,多数股民对这只股票后市看好,积极买入该股票,股价不断上涨。一段时间后,有能力购买股票的投资者基本满仓,股市中没有后续资金将股价继续推高,股票的大势在看好情绪中转势。根据相反理论,投资者应该在绝大多数股民看好股票行情时,选择卖出股票(图10-24)。

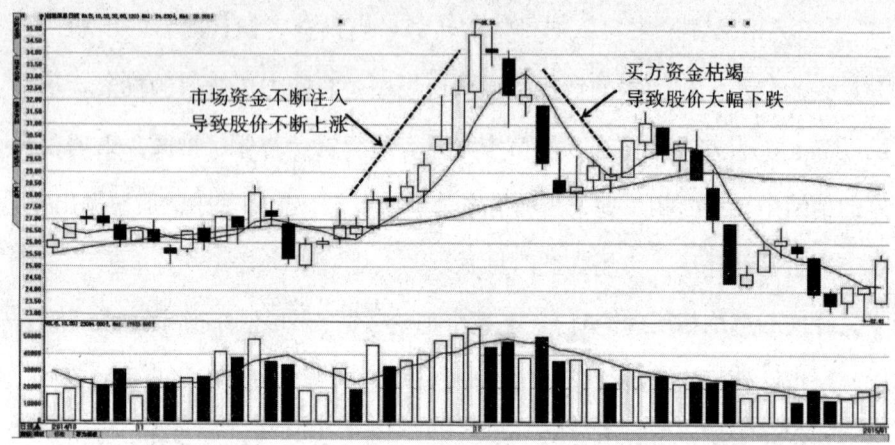

图10-24　2014年10月~2015年1月创意信息日K线图

七、黄金分割理论:0.618里的奥秘

黄金分割率又叫作黄金率,它指的是事物各个部分之间的数学比例关系,也就是说,如果将一个整体分为两个部分,并使其中一部分与整体的比值等于其余一部分与这部分的比值。

13世纪,数学家法布兰斯撰写了一本关于一些奇异数字组合的书,这些奇异数字的组合分别是1,1,2,3,5,8,13,21,34,55,89,144,233…在这些看似没有规律的数字中,其实蕴藏着一些内在的规律，比如在这些数字中，任何一个数字都是前面两个数字的总和 2=1+1，3=2+1，5=3+2…依此类推。有一些细心的人发现，这些数字与金字塔上列出来的奇异数字有密切的关系。金字塔的几何形状有 5 个面，8 个边，总共 13 个层面。不管从哪一边看过去，都可以看到三个层面。金字塔的长度为 5813 寸（5-8-13），而高底和底面百分比率是 0.618，这就是上述神秘数字的任何两个连续的比率。例如，34/55=0.618，55/89=0.618，144/233=0.618。

除了上述特征外，0.618 的倒数就是 1.618，并且 0.618×1.618=1，这样的数字是不是很神秘？不错，0.618 和 1.618 就是不仅存在于大自然，还存在于股市的黄金分割率。

一些深得黄金分割率精髓的专业研究人员将这一比率引用到了股票市场中，并以此总结出股价运动的高低点。对于股民朋友来说，掌握黄金分割率有利于掌握股价回调或者反弹的位置点。

依照由黄金分割率推演出的黄金分割理论，可以推测出大盘或者个股是由空头市场转入多头市场还是由多头市场转入到了空头市场，股民朋友根据整体投资环境的变化，再结合其他的数据就能较为准确地研判出买点和卖点的位置。

具体来说，黄金分割率在股市中的实际应用可以分为两点：对顶部的判断和对底部的判断。

（一）对顶部的判断

当市场进入多头市场或者经历牛市行情的时候，股民朋友最关心的问题莫过于这一轮行情的顶部在什么位置。在实际投资过程中，想要极为精准地判断出顶部的位置是不可能的事情，但是如果股民朋友能够熟练掌握黄金分割率，就能够大致计算出股价可能出现反转的位置，此时再结合其他数据进行分析，就能大致推断出顶部可能出现的位置，提前做好卖出的准备。

按照黄金分割理论的叙述，当股价上涨一段时间，脱离低价格区域后，会在上涨幅度接近或者达到38.2％与61.8％的时候发生变化，通常在这个位置都会出现反向压力，导致上涨行情结束。

黄金分割理论除了认为38.2％和61.8％是重要的反向压力点外，也认为期间的一半也是比较重要的反向压力点，也就是说19.1％也是重要的位置点。因此，股民朋友在判断一段行情究竟可以延续多久的时候，可以用下跌行情中出现的最低价乘以0.191、0.382、0.618作为其上涨幅度的参考。当股价上涨幅度超过一倍的时候，它的反向压力点可以根据1.191、1.382、1.618进行计算得出。

2015年1月19日，经过一段下跌行情之后的葛洲坝（股票代码：600068）的最低价下跌至7.61元。我们以黄金分割率来计算出可能出现反向压力的价格点，以最低价7.61元为计算标准，具体计算公式如下：

$$7.61 \times (1+0.191) = 9.06 \text{元}$$

$$7.61 \times (1+0.382) = 10.52 \text{元}$$

根据黄金分割率的相关计算，我们可以知道，在9.06元和10.52元附近股价可能会出现反向压力。股民朋友需要注意的是，上述计算只能算出反向压力的大致位置，在实际的投资过程中，实际价位与标准价位很有可能不一致，因此，只要求实际价位在计算价位附近即可。

从图10-25中可以看到，该股股价自2015年1月19日下跌至7.61元后开始上涨，当股价涨至1月29日的9.03元。根据黄金分割率的计算，9.03

元在 9.06 元附近，在这个价位极有可能出现反向压力，导致股价回落，并且此时该股 MACD 指标形成了"拒绝金叉"形态，预示着后市该股即将出现下跌。短线操作的投资者完全可以在此时卖出，规避损失。经过小幅回落后，该股再次上涨，并且其 MACD 指标形成了"金叉"形态，预示着后市上涨行情将持续下去，股民朋友可以在此时买进该股。但需要注意的是，根据黄金分割率的计算，当股价上涨至 10.52 元附近的位置时，还将出现反向压力点。根据该股后市的走向可以看到，该股最高价于 2 月 27 日上涨至 10.52 元附近的 9.92 元后，就进入下跌行情中，如果股民朋友没有及时卖出持股，就会蒙受一定的损失。

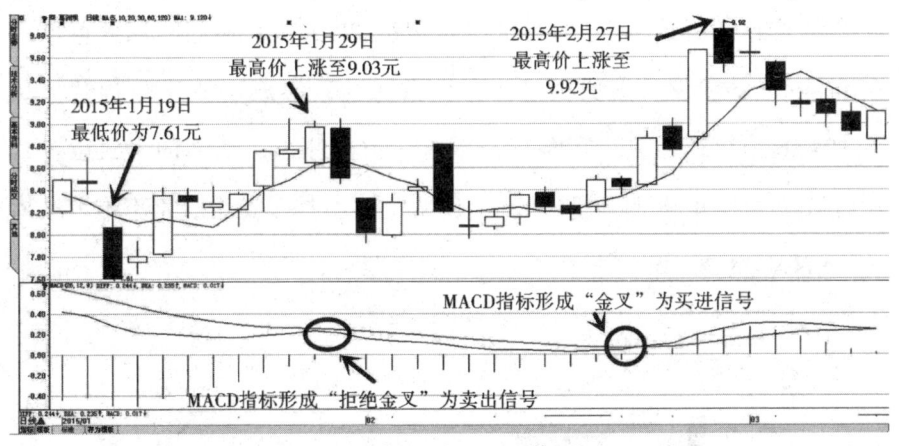

图 10-25 2015 年 1 月～3 月葛洲坝日 K 线图

（二）对底部的判断

利用黄金分割率判断底部的时候，采取的方式与顶部判断采取的方式基本一致，当多头市场结束，空头市场展开的时候，利用黄金分割理论可以计算出下跌趋势中的支撑位，对股民朋友的抄底行为可以进行一定的指导。

当股价下跌一段时间，脱离了高位区域后，依照黄金分割率来看，当下跌的幅度接近 38.2% 或者 61.8% 的时候会产生变化，股价到达支撑位后结束之前的一段下跌行情。与上升行情相似的是，除了 38.2% 和 61.8% 以外，在 19.1% 的位置，也会形成支撑效果。

经历了一段上涨行情后华谊嘉信（股票代码：300071）的股价于 2013 年 10 月 8 日达到相对较高的 20.38 元，并且其 MACD 指标形成了"死叉"形态，预示着该股后市即将迎来下跌行情。以这个阶段性高点为最高价格，通过结合黄金分割率的计算，即 20.38×（1−0.382）=12.59 元，可以算出该股最低点位应该在 12.59 元附近。

经过一段时间的下跌后，在 2013 年 11 月 11 日，该股最低价已经下跌到了 11.49 元，此时的股价已经到达了 12.59 元附近，因此可以说在 11.49 元的位置，该股很可能会企稳回升，形成一波反弹行情。从图 10-26 中可以看到，黄金分割率再一次预测出了底部的大致位置，随后该股 MACD 指标又形成了"金叉"，增加了黄金分割率推测结果的可信程度（图 10-26）。

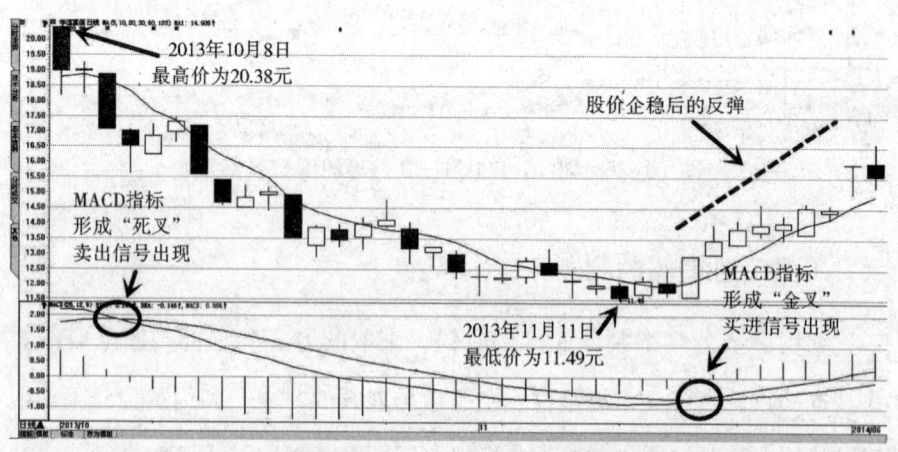

图 10-26 2013 年 10 月～2014 年 1 月华谊嘉信日 K 线图

简单来说，黄金分割率就是将已知的线段分为两个部分，并使其中的

第一部分与全线段的比值等于第二部分与第一部分的比值。运用黄金分割率可以判断出整体市场从空头转为多头或者从多头转为空头的大致时机和价位，股民朋友可以以此作为买入卖出的参考依据。